鄭石岩——著

媽媽教我的事

愛，生活與學習的35個故事

《媽媽教我的事》目次

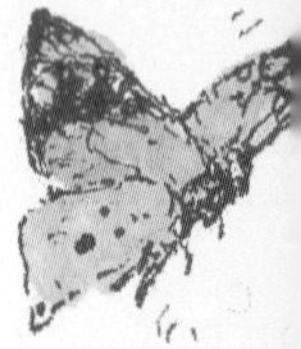

獻給摯愛的母親

一

母親的呵護教導
帶給我美好的人生
母親的寬大慈祥
孕育了我正向的性格
過去，我以為
那是我努力的結果
現在，我發現
真正的根源
是您慈愛與智慧的力量

二

母親和我好像共患難的人生旅者
我們謹慎地踏上　生活的蠻荒
猛然看到美好的風光
我們辛勤地耕耘　只為小小的期望
卻帶來心靈的豐收
是母親指引的
我才發現
生活中的錦繡山河
是母親發現的
我才找到
美好生命的坦途

三

我的年紀越大
越明白母親的苦心和堅毅
我的閱歷越多
更增添對您的同理和敬愛
於是
我寫下媽媽教我的事
來表達感恩和尊敬
於是
我寫下您的教導風采
來和大家分享

四

茶餘飯後
陪伴您憶往
方知母愛深似海
隨性閒聊
跟著一起懷舊
更加明白母愛似春暉
當下
看您笑容依舊璀璨
逗著您開心笑呵呵
當下
依偎在您身邊承歡膝下
再享一次憐愛
並獻上誠摯的感恩

自序

母愛帶給我的美好人生

人生真像是一趟旅行，母親正是孩子的導遊。如果母親身上綻放著有能力的愛，她的慈愛將化作孩子的生命力和意志，她的智慧和溫柔會帶給孩子光明的希望和潛能。

我擁有溫馨美好的母愛，給了我美好的人生。我的母親雖然沒有讀書，但卻有很好的觀察和思考能力；她沒有進過正式的學校，卻能從現實中學到知識和見識，從聽聞中學到佛法和美德。所以，她有豐富的素材教導子女，透過生活的直接體驗，教會我們做人做事。

母親常叮嚀說：「只要你學會正確的待人處世道理，就能在現實生活環境中水到渠成，走出美好的人生路。」

母親生在農村，她的父親是一位泥水匠，家境小康，所以在結婚之前，她的生活是幸福的。她與一般農家子弟一樣，要上山工作，到工地當女工。她的手藝高超，不但做得一流的女紅，更能做出美味的台菜料理，是秀外慧中的女性。

她婚前婚後的生活，則有天壤之別。由於父親愛玩嗜賭，生意又不順利，家庭窮困且不說，感情上的支持也沒有。母親就在這樣的困境中，靠著虔誠的佛教信仰和毅力，把孩子們帶起來。她教導我們做人做事，期許我當火車頭，帶動弟妹一起成長；她勉勵我半工半讀完成學業，提醒我不忘求學長進，讓我在歷經波折之後又回到大學念書，完成碩士學位。她像是高明的教練，教導我走向美好的人生。更值得讚嘆的是，她用慈悲的影響力，感化了父親，在中年之後戒賭戒酒，共同負起教養孩子的責任。父親受母親的影響，最後也在佛光山皈依，成為虔誠的佛弟子。

母親教導我們的方法，是在生活中自然的交談；在實際工作和待人接物中，直接指導，而且一點都不囉嗦。由於我是家中最大的孩子，遇到家庭窮困，自然要負起部分家計的責任，所以我學得特別多，生活經驗也更加豐富。我從高中開始，就做水果生意分擔家計，母子之間有更多切磋和商談，從中我得到母親許多啟發和指引。

在這本書裡，我選擇了三十五個小故事，都是母親教我做人做事的趣事。從幼兒開始到現在我早已過耳順之年，我領受到美好、有啟發性的交談盡萃於斯。這些內容不只對我是珍貴的，對於不同年齡層的讀者，也是有價值的。這些往事憶趣，不但是我對母親的感恩，也是可供現代父母親教育子女的參考素材。

社會正快速的演變，眼前正受到世界性經濟不景氣的影響，整個社會性格，瀰漫著低迷消極的風氣，這必然會影響下一代正向性格的發展。此刻，我寫這本書，正適合現代父母的需要。我要呼籲父母親，除了要重視學校教育之外，亦要兼顧生活教育，教導孩子體驗面對現實生活的事務。

我母親教給我的是正向的態度，透過磨練和體驗使自己能幹，以及培養正確的信念和美德。這樣的教育觀與現代當紅的正向心理學，及其所重視

的培養長處和美德，確有相通之處。希望我的經驗分享，能給大家帶來共鳴，在教育上促成新思惟和創意行動。

母愛對每個人，就如三月的春暉，她的光明性、溫馨與柔和，孕育每個生命的活力和希望。我母親教給我的事，正折射出每個人美好的春暉。

一、縫在新衣裡的愛

我人生中精采的第一堂課，是母親用慈愛的春暉，在生活實境中所作美好的啟發。

回憶幼年往事，第一個浮現的母愛印象，是同母親及家人歡喜快樂地準備過年的情景。新年前夕，鄉下家家戶戶瀰漫著準備過年的歡欣、恭敬與懷抱新希望的氣氛。我家也不例外，屋子裡放置著各色年貨用品，年糕和紅龜粿都蒸好了，眼前看到的是充滿富足的景象。

當時，我雖然才只是剛學會走路和奔跑的年紀，不過，母親仍不時親切地指導我做點事。我在母親和家人旁跟前跟後、跑腿幫忙，彷彿自己也賣力地參與了新年準備，是個能幹的孩子。即使不小心把東西弄翻，母親總

是耐心地收拾，指點我正確的做事方法。

過年前的兩週是母親特別忙碌的時期，但她仍抱著好心情，時常唱著兒歌並逗弄我一起唱唱跳跳。她以閩南語唱著：「甜糕過年，發糕發錢，包仔粿包金，菜頭粿吃點心。」既諧韻又好聽。

我這個小跟班，也感染了她的勤奮和振作。一到晚上，母親就點著油燈，縫製堂哥和我的新衣。在黯淡搖曳的燈光中，我總依偎在她的身邊，目不轉睛地看著靈活穿進穿出的針線。她也會教我幫忙把布拉平整以便縫製。我很高興替她拿工具，協助穿針線。其實，這些事都是她自己做的，只是為了讓我有參與感，帶來成就感而已。因為，這能讓孩子擁有好的自我感覺，相信自己漸漸長大，會成為一個有用的人。

鄉下的油燈，雖然只照著一公尺方圓的微亮，但對於母親和孩子的心，卻像心燈一樣，有著連心的溫暖和光明。母親抬起頭來，用期待的眼光看著我說：

「你的眼力很好，多看幾次，你也能學會幫忙縫衣服。」

「可是我會刺到手。」

「我教你一針一針的縫，你試著做看看；做得對就不會刺到手。」母親摟抱著我小小的肩膀說道，並將縫紉中的衣服遞給我，接著把針線也給了我，並指導我縫進縫出。我小小的手竟然也能聽她的使喚，縫了好多針。

「有刺到手嗎？」

「沒有。」我重複著剛剛她說的話：「只要做得對，就不會刺到手。」

母親開心地肯定我，摟著我又說：「凡事只要方法對，就能做得好；熟練了它，什麼都容易做。」她把衣服拘了回去，我看著她敏捷的手，做針線活猶如神仙在跳舞一樣。

次日的夜晚，母親又是在燈光下做女紅。我還是坐在曠床上（大通舖）看她絕技般的縫紉技術。

「我手頭正在縫製兩件新衣，帶點咖啡色的是堂哥的，另一件藍灰色的是你的。這是你們自己選擇的，你們都會喜歡的，新年穿起來一定很漂亮。」

「昨天為什麼要讓堂哥先選？他先選好我就沒得選了，其實我也喜歡他那一件。」

「哥哥比你大，所以讓他先選，這叫長幼有序。再說，他的爸爸媽媽都不在身邊，他會想念他的親爹親娘。為了讓他多感受點溫馨，所以讓他先選喜歡的。你當時能同意，我為你感到安慰。」我點頭接受母親的規勸。

既同情又渴望地追問：「堂哥的爸媽到哪裡去了？我們可以找他們回來，讓他也有親爹親娘嗎？」

母親說：「你堂哥的父親就是你的大伯，在日據時代被徵調去當兵，遠赴南洋打仗，沒有音訊，聽說是戰死沙場。至於他的媽媽，後來帶著大女兒改嫁了。他留在我們這個大家庭裡，阿公是我們的大家長，他和你就是親兄弟，要相親相愛、互相照顧。」

我應允母親的期待，把堂哥當成親兄弟一樣。新年的大清早，兄弟兩人穿著新衣，跟著大家庭的每個人一起祭拜佛祖天神，上香鳴鞭炮祈求平安發財，我們兩個蹦蹦跳跳的孩子，在供桌前跟著禮敬，陶醉在香煙繚繞的清晨，高興地迎接著日日是好日的希望。

愛的一課是及時教導來的，兒時的情境依稀可見，學來的生活智慧，卻永遠在心中放出光明和溫馨。我年近七十了，還是懷念母親的愛和慈悲，更相信要做對的事，而且方法也要對，才不會傷了自己。

我人生中精采的第一堂課，是母親用慈愛的春暉，在生活實境中所作美好的啟發；它不是用說教或叮囑，而是一針一線縫在新衣裡的愛。

二、蓮鄉夢境的親情

在大自然的懷抱裡，一方面可以觀察、試探和了解動植物的生長，也忙著跟母親一起勤奮地工作，很早就與生活現實有豐富的接觸。

這是一個奇異的幼年經驗，大約在我兩三歲時，經常坐在自家的門檻（戶定）上作白日夢，陶醉在光潔寧謐的美好幻景之中。我不自覺地盤著雙腿，背靠著磚造的門牆，神遊於蓮花朵朵的光鮮世界。夢境中，我像小鳥一般遨遊在水鄉澤國。花是艷麗的，禽鳥自在地棲息鳴叫，蝴蝶蜻蜓翩翩起舞。那兒有鳥語花香，有朗日浮雲，有悠閒的涼風。

那兒似乎就是我的家，我常坐在門檻上，向外望去門口緊接著就是澄澈的湖水，水上有美麗的畫舫，有進出的小船。我陶醉在如畫的想像中，捨不得回神。母親看我呆坐在門口，擔心出狀況，經常過來呼喚逗弄，似乎沒什麼效果。只要她一離開，我還是陶醉在蓮鄉幻影之中。

日子一天一天的過去，母親更擔心了。於是找來了五叔公，他是鄉下的少數有見識的人。他看了看，說我是魂魄出竅，要把魂魄圈護起來才行。於是編製了一個小巧玲瓏的小籃子，裡頭放了一個有蓋的杯子，把我的魂魄安置在裡頭，避免我走失。一直到十五歲，我年紀夠大了，才取消這個圈護。除此之外，叔公還要母親多與我說話，常帶在身邊。正因為這個緣故，母親常帶著我出門務農。我也很喜歡當跟屁蟲，無論洗衣、做飯、上街，處處跟著她。

母親為了避免我獨個兒坐著發呆，便開始帶我玩遊戲，作種種鍛鍊體能的活動，諸如幫忙搬柴火、收拾農具、到果園協助簡單的農事等。早年宜蘭的枕頭山，一年四季都有果樹結實纍纍，各種顏色花草更是令人目不暇給。她會耐心地教我觀察和欣賞，尤其是禽鳥飛蛾之類，更是專注觀察的對象。在大自然的懷抱裡，一方面可以觀察、試探和了解動植物的生長，另一方面也忙著跟母親一起勤奮地工作，所以，我很早就與生活現實有豐富的接觸。身體動覺、敏銳的觀察和思考，都是從這些實境中學習得來的。以現在心理學研究看來，這些豐富的生活刺激，應是智能發展的重要因素。

母親看到我活潑地跟她在果園裡工作，又能消除了作白日夢的壞習慣，當然就放下心中的擔憂。不過，幼年陶醉在蓮鄉夢境的一幕，還是經常在我的腦海中浮現。每當我悠閒自在的時候，會自然地浮現在腦際，這對於我後來行持「禪淨雙修」的功課，起了方便契機。尤其在內觀極樂淨土時，有著美好的相應之感，很容易在念佛和觀想時，進入清淨的法地。

於是，我很希望能在現實的環境中，能找到相同或類似的自然實境。台灣只要有蓮花的地方，諸如白河等地，都前去造訪過。但始終找不到類似的美景。

當然，在心理學領域裡，或者在神經心理的研究上，我也多加涉覽，希望了解這種腦中的蓮鄉幻影，是怎麼形成的。但仍然找不到答案，因為我三歲時尚未看過一望無際的蓮花，更沒有電視電影放映這樣的美麗場景，又何況從未看過畫舫行舟之類的雅事。

二〇〇六年我到上海作學術交流，幾場演講之後，有機會去一覽西湖風光，我很希望在那兒看到夢幻中綺麗的景色。結果，還是找不到相似的美景。二〇〇八年，到揚州演講完畢，大伙去遊覽瘦西湖，似有幾分相似，但總不如夢境中的遼闊開朗，那麼花木扶疏。

我把尋找蓮鄉夢境的事告訴母親。她笑著告訴我說：「除非你到阿彌陀佛的蓮邦淨土去找，否則怎麼有這樣美麗聖潔的地方呢？」

母親篤信佛教，她在我七歲時帶我一起到宜蘭市的雷音寺拜佛。當時星雲大師初到駐錫，我們幸運地在他指引下學佛，長期打禪和念佛。後來，我在念佛和禪坐時，同時修《觀無量壽經》的聖境，而幼年時的蓮鄉妙境，自然出現在念佛心境之中，引導我進入禪定與法喜。

母親九十歲時記憶還清楚。我有空就跟她閒聊過眼雲煙的往事，好喚起追憶往事的喜樂。談到幫我圈護魂魄的往事時，她笑著說：「現在換我要去蓮鄉佛國了。」

幼年的蓮鄉夢境，究竟是怎麼來的？神祕難以知曉，不過這件有趣的往事，卻讓我有更多機會貼近母親，從中得到許多啟發，在母親和我的生活中，留下美好的記憶。

三、浴火重生

火失控了，星星之火可以燎原，水失控了，會氾濫成災。人的脾氣失控了，會爆跳如雷，作出不堪設想的事來。

幼年時候，我有過一次浴火的特殊經驗，幸好媽媽及時救護，我沒有受到很大的創傷，也沒有在心理上留下焦慮恐懼的陰影。這要歸功於她的機智和呵護。

那是一個五月多雨的季節，鄰居的阿滿姑姑準備結婚。媽媽的縫紉手藝是一流的，趁著雨天正為姑姑準備嫁妝。她們當天要縫製一對鴛鴦枕，於是曠床上堆滿了棉花、布料和縫紉工具。棉花有許多黑褐色的種子，母親喚我拿著盒子，把種子一粒粒挑出來。大人繡花縫枕頭套，我則坐在母親旁邊，專心地撿拾種子，叮叮噹噹地投入盒子裡，很是快樂和溫馨。

過了一會兒，躺在曠床一邊的父親醒了過來。他們大人有說有笑，聊了一會兒。父親拿著菸要點火，母親嚴峻制止他：「不行在這裡抽菸，棉花一遇上火苗就會著火燒起來！」媽媽要他立即離開，到外面客廳去抽菸。

父親似乎不以為意，就坐在曠床上拿起火柴，邊擦著火苗邊說：「沒有那麼嚴重啦！」我停下手中的工作，瞪著父親心想著「你怎麼會這麼不聽話呢？」這時火柴擦出火花，飛噴出一個帶焰的火球，掉落在我的跟前。

原本就蓬蓬鬆鬆的棉花，為了撿拾種子，更是一小撮一小撮的剝開來，眼前的棉花簡直像一團濃霧。小小的火球一掉入棉花團裡，瞬間就劇烈燃燒起來。轟的一聲，整個房間陷入火海。說時遲那時快，媽媽撲了過來把我抱在懷裡，爸爸用在一旁的棉被把火撲滅。

我驚嚇得哭了出來，看看眼前的景況，美好的棉花已成灰燼，臥房有一點燻黑了，媽媽和姑姑的頭髮都燒捲了。我以為自己沒事，但大人都盯著我看，因為我的頭和手燒傷了，很快就紅腫起來。母親看到我受傷，心頭一定疼到入裡。祖父祖母更是不捨，家人七手八腳為我沖水塗敷。好在燒傷不嚴重，很快痊癒，沒留下任何疤痕，真是慶幸。

燙傷後的幾天，母親除了做家事及日常工作之外，一有空就陪我，對我說幾句安慰的話。記憶中那又是一個下雨的午後，她摟著我說幾句撫愛的話，話題再轉到火燒棉花的情景。她告訴我：「無論如何都會保護你，別怕！」

「你還怕那猛然大火嗎？」

「我很怕。我看到大灶裡的火都怕怕的。」

她牽著我來到廚房，大灶上正煮著一大鍋餵豬用的番薯。她摟抱著我，把燃燒中的柴火理了一下，火燒得更旺了。她指著灶裡的火說：「灶裡頭的火是被控制在裡面，它不會有危險。我們靠火來煮東西吃，只要控制好，就能安全無虞。如果把火種火苗隨意亂丟，就很容易燒起來，無法控制而造成火災。」

「那天爸爸為什麼沒有控制好他點菸的火呢？」

「在那麼多蓬鬆的棉花堆旁邊，本來就不該抽菸。他犯了嚴重的錯誤才釀成火災，以後你不會犯這種錯誤吧？」

「我才不會像他那樣不小心哪。」我貼近母親的臉接著說：「我不喜歡他不聽話，因為你有制止他。」

「爸爸也很懊悔當天自己的大意，我們要原諒他才對。」我說：

「我不喜歡他粗心大意！」

「我也不喜歡！」

母親接著說：「你將來會是一個謹慎而又能幹的孩子。」「我會的。」母親很高興地又摟了摟我說：「那真好。你現在還怕火嗎？」我毫不遲疑的回答：「我不怕。我知道怎麼注意安全，也敢在大灶裡

添柴火，讓妳好煮菜。」媽媽開心地摟住我，稱讚我是勇敢的小孩。

一次意外的火災，在我的腦海裡，除了留下一片光焰的瞬間火海之外，沒有留下恐懼和焦慮，這和我母親的愛與細心的開導有關。她沒有慌張的責備爸爸，也沒有禁止我學習在大灶添薪柴的家事。平常心和正向的態度，帶給我人生許多沉著和穩健。

在這則幼年故事裡，母親提醒我失控的可怕。火失控了，星星之火可以燎原，水失控了，會氾濫成災。人的脾氣失控了，會爆跳如雷，作出不堪設想的事來。失控是一切災難之源。一次突然的火災，卻帶來寶貴的教誨和美好的生命力，這也是一種浴火重生哪。

四、放風箏

幼童最需要的是愛、溫飽、安全和遊戲。我的幼年生活，這幾個因素都具足。現在想來，自己是很幸運的。

在父母的照顧以及祖父母的疼愛下，幼年的我得到豐富的愛和呵護，更重要的是，有玩不完的遊戲。家門外就是渾然天成的遊樂場——蓊鬱的果園，林林總總的菜圃。更好玩的是高大的蓮霧林，那是祖先開墾宜蘭時種下的果樹。枕頭山過去遍布這種高大的蓮霧林，樹齡甚至上百年。所以無論在屋子內外，總可以跟鄰居孩子遊戲、捕捉蟬蛾鳥雀等等。

從幼年到童年，這片田園果樹，給了我許多歡樂，賜我活動奔跑的空間，讓我見識了大自然的美好，學會農家豐富的種植知識和勤快。那是一種豐富的環境，也充分賦予快樂歡欣的童趣。

祖父很疼愛堂哥和我，所以會想出許多遊戲來玩。記得在一個秋高氣爽的中午，他賣完自家生產的水果回來，買了一大張紙，興致勃勃地告訴我們：「秋天就是要放風箏，我們一起來造風箏和放風箏。」他沉穩又耐心地為我們解釋怎麼造風箏，又怎麼玩風箏。我們兩個孩子，陶醉在他的太空計畫之中，做了更美好的想像。

造風箏的計畫終於開工了。我們從砍竹子、劈竹子、到削成大小適當的竹條，祖孫忙得其樂融融。祖父的手既粗壯又靈巧，不需多久材料已經完備。接著量尺寸，裁剪構築起來。我們忙到晚上，點著油燈，還在貼製，直到我們上床，風箏已經造好。他拿起風箏，跟我四歲的個兒比一比說：「差不多跟你一樣高，明天就可以放風箏了。」

夜裡油燈搖曳著，在造風箏的餐桌對面，還有另一組工程人員在施工哪。祖母和母親正用麻的纖維綴成風箏線。「麻線必須綴得細又勻才行，

才不會太重，風箏才飛得高飛得遠。」祖母邊做邊為我們解釋。大伙忙得熱絡，孩子們也從頭到尾參與其中而覺得開心，更重要的是對風箏飛上天空時的期待和想像。

「拖午飯鍋空，拖晚嘸採工。」祖父終於下令收工了。這句話的意思是，中午該休息不休息，只是徒然餓肚子而已；到了夜裡不休息，往往效率差，徒勞無功。於是大伙兒收拾東西，都回房去就寢了。

雖然躺在床上，腦海裡卻是一幅風箏在天空飛翔的景象。我忍不住問母親：「我從來沒放過風箏，它怎麼飛上去的？是像小鳥這樣飛嗎？可是我們造的風箏沒有翅膀呀？」

媽媽沉默了一下答道：「明天你自己看就知道了。你要好好看清楚。」

「祖父說，把繩子繫在風箏上，風一吹，繩子一拉，就會飛上天空。可是繩子一拉不就摔下來了嗎？怎麼會飛上去呢？」

「明天你看個究竟就知道了，你看清楚了之後，也告訴我答案，因為我也不懂。」

「好的。明天我會看清楚，然後告訴妳那是怎麼回事。」懷著被委以重任的榮譽感，我呼呼地睡著了。母親很懂得信任孩子，孩子也往往做出她所希望的好表現。

次日秋陽仍舊亮麗。用過早餐，祖父還是帶領我們把未完成的部分做好，他仔細的審視，然後繫上風箏線，理好了兩邊的平衡，調整好仰角。他邊做邊解釋，我們邊看邊動手摸索。他拿著風箏作手勢說：「風從這邊吹過來，繩子拉著它，風箏就往上飛起來。」我若有所悟地點點頭。

我們提早吃了午飯後，帶著風箏來到空曠的地方。鄰居的孩子們也都跟了過來，秋風徐徐吹著。他吩咐堂哥和我拿好風箏，自己親自操控拉著線。配合他的口令動作，才一鬆手風箏就飛了上去。他嘴裡說著：「拉一下！飛高一點，慢慢放一點，就飛遠一點！」就這樣我和堂哥兩人都學會了放風箏，放得又高又遠。鄰居小朋友也在一旁叫嚷著喝采。

晚間，我興趣高昂地解釋給母親聽，母親凝神地聽著，睜著大眼看我比劃解釋。「在一拉一放之間，風箏飛得又高又遠。」母親表現出恍然大悟的神情說：「謝謝你解釋給我聽。」母子之間充滿著相知和溫馨。

母親很善於把求知的機會留給我，所以我學到許多知識和技能，信心也跟著穩健起來。在遊戲的日子裡，同時摻入行動、試探和思考，得到的是美好完整的心智圖像。

五、戒賭令

「人為了貪心，為了不勞而獲，
或者為了急著發財，從而沉迷於賭博；
賭能坑陷一個有才能的人，變成一文不名的窮光蛋。
你長大可不要沉溺在貪心和賭博裡。」

我的人生戒賭令是自己下的，是親眼目睹母親的眼淚，親嘗過父親嗜賭的貧窮後果，然後在母親的跟前，自己許下諾言：「媽媽，我絕不賭博，要做一個上進的好孩子！」母親很欣慰的抱住年幼的我說：「你讓我很安慰，讓我覺得日子過得有希望。」這一幕活生生地烙入我的記憶裡，謹守諾言，不讓母親失望，勤奮幫忙做家事，給母親帶來慰藉和希望。

在幼小的童年記憶裡，父親常常去賭博，而且經常輸得舉債度日。母親不會和父親激烈的爭吵，但從他們的對話、家人長輩的交談中，我了解父親給家裡帶來沉重的煩惱和困難。父親嗜賭又常酒後亂性，在我幼小的心靈裡，既討厭又害怕。一直到我念高中，會做生意貼補家用，有了發言的份量，才能和父親論情況、說諍言，他才漸漸收斂改進。

幼童時代，我常跟隨著母親，一起到鄰村的賭場，去把父親從賭桌上勸說回來。父親會覺得我們去鬧場，於是回家又不免一陣爭吵發飆。我護著妹妹弟弟，更想去保護母親，因為父親氣憤時會動手打人。當時，我不敢吭聲，更不敢說幾句評理的話，但卻在心中產生一種正義感。告訴自己，絕不學爸爸的模樣，要做個讓母親高興的好孩子。

一個下著毛毛細雨的冬夜，母親和我打著傘，往賭場去勸爸爸回家。途中母子兩個人似乎沉默在冷冽的寒風和不安的愁緒之中。

「爸爸為什麼要賭博？那是一件壞事，為什麼他執意繼續下去？」我不明就裡地問著。

「人為了貪心，為了不勞而獲，或者為了急著發財，從而沉迷於賭博；但是賭場上風雲詭譎，狡詐者多，所以容易輸錢。偶爾贏了一點，又因為興奮而亂花。賭能坑陷一個有才能的人，變成一文不名的窮光蛋。你父親正陷在其中。」

「有誰能勸他不賭呢？」

「只有我們母子鍥而不捨地勸他、感動他，讓他清醒過來，才有可能戒賭。」

母親總是耐心地去把父親勸回來，有時他輸錢發火，就把我們臭罵一頓，有時心情較好，就平安的回家。不過，這種柔性的勸說，只有少許的好轉。有一次我問母親：「爸爸是不是著了魔，才會這樣嗜賭如命？」

「賭就是著了貪魔，你長大可不要沉溺在貪心和賭博裡。你要了解，爸爸是一個好人，也是愛你的人。他辛苦的工作，賺錢撫養一家大小，勞苦功高。你不要因為他賭博或喝了酒發酒瘋就不尊敬他。你不要跟他一樣賭博醉酒，但要尊敬他，明白他對家裡的貢獻，長大了要孝敬他。」

「可是我現在討厭他，不喜歡跟他在一起。」

「我知道你討厭他賭博和發酒瘋，但不是討厭父親的全部，他也有愛，有負起照顧家裡的責任。」她慢條斯理的接著說：「每個人都有好的部分，有過錯的部分。看得清楚，就不會以偏概全，一味地不喜歡一個人。對父親如此，對別人也是一樣。你很快就會懂得這個道理。」

「可是我看到他惹妳那麼生氣時，我就不喜歡他、討厭他，甚至不想看到他。」

母親笑了。「人都有情緒的，媽媽也不例外，一時生氣起來，會捶胸頓足，但冷靜下來，就會理智地面對生活的現實。孩子！你不用擔心，媽媽不會氣壞自己的，我只是在表示我不高興看到賭博和醉酒。媽媽還是活得好好的，一樣的工作，一樣的下田、做家事、煮飯。」

我點了點頭，對母親報以笑容。我知道母親的處境，不是像我原先了解的那樣痛不欲生。我開始學會和母親互相

鼓勵支持，有著心照不宣的安全感。我自誓不賭、不醉酒亂性，要做一個比父親好的人。

父親的賭博和醉酒亂性，曾經給家人帶來經濟生活的危機和煩惱。不過，在母親的愛與智慧感動下，弟妹們和我總算平安的成長，從中學到正向的生活態度。值得慶幸的是，父親在步入壯年之後，也痛改前非，跟著母親一起念佛皈依，步上正軌的人生。

現在回想我自動自發的戒賭令，以及發心上進做個有用的人，是因為母愛的啟發和滋潤，所發展出來的心力。

六、蓮霧樹下的期勉

母親在工作餘暇，在茶餘飯後，喜歡跟孩子自然地閒聊。
把嚴肅的庭訓，化作柔性的話題；
把生活和學習的叮嚀，變成親切的交談和同理。

老家屋前屋後都是蓮霧林，綠葉茂蔭，枝頭上結實纍纍。徐徐的涼風伴著蟬的鳴奏，更令人陶醉其中。在一個夏日的中午，母親和我用過午餐，坐在門前樹頭邊的石凳上，弟妹們也在附近玩耍。這是一幅美好的幸福圖案，也是上蒼給鄉下人的寧靜恩賜。

母親手裡拿著一把扇子，揮著驅趕蚊子，也增加一點涼風和舒暢。我們很自然地開始聊了起來。母親輕柔地喚我的名字說：「你已經長大，可以進學校去念書了，再過一個多月，學校就開學，你就成為上學的孩子。讀書以後，你就會識字，知識也會增加。不久，你就會比媽媽能幹，將來長大成人就能出社會，做一番事業，是一個有出息的人。」母親的話好像在描繪上學以後的美好藍圖。

我靜靜地聽著，想像著未來的美好。不過一想到學校是陌生的地方，就畏縮起來。

「可是我不敢去學校，我會怕。學校很遠，我也不知道怎麼去。」

我十分不安。媽媽摟住我說：「我會帶你去上學。放學的時候，我會去接你回來。你很快就結識村子裡的同學，更何況堂哥每天會陪著你一起上學，你不用擔心沒有伴，更不用擔心找不到路回家。」我想到有堂哥，有鄰居的孩子一起上學，自然就心安了。

這時，堂哥也跑了過來，坐在母親的身邊，敘說他上學的經驗，談到學校裡的趣事，大伙兒讀書的情景，也提到要說國語、不乖會被老師罰等等。

「我不會說國語怎麼辦？」

「我們一起跟堂哥學國語。」

堂哥上了兩年的學校，會一些國語，母親和我一起跟他學國語、講國語。不會的還請教鄰居的孩子。顯然，母親是為了我準備上學，自己也做了努力。

在母親主動學習的帶領下，我很快能說幾句國語，跟著堂哥和鄰居小孩，也能隨口說幾句。開學時間到了，我已有了足夠的心理準備，母親只需第一天陪我去學校辦入學手續，往後就能跟著堂哥和鄰居的孩子們，一起去上學。

雖然母親為我的上學作了心理準備，但還是發生令

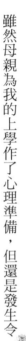

人啼笑皆非的趣事。國小一年級開學不久，老師上美勞課，作品是用色紙作項圈。我們跟著老師一步步的做，大家都有了成品，教室裡充滿著孩子的成就感。下課時，老師點到我的名字，要我幫忙把紙箱裡的作品，帶到辦公室去。我很高興能替老師服務，跟著她把作品送到辦公室。

「很乖！把作品放在桌子上。」我放好它，站著等老師有什麼吩咐。老師笑容可掬的對我說：「可以回去了。」我聽到老師對我說「可以回去了」，我以為幫老師做事，得了個大獎品「可以回家」，於是我興奮地回到教室，整理了書包，三步當兩步地奔回家去。

當天晚上，被母親訓斥了一頓，說我不好好讀書，自顧自地跑回家。第二天到了學校，原來對我親切友善的老師，卻板著臉指責我逃課，而且挨了一頓揍。

我莫名其妙被冤枉逃學受罰的委屈留在心裡頭好久，而且有著罪惡感。直到有一天，又是在蓮霧樹下和母親閒聊時，我才把這件事解釋清楚。母親摟著我說：「委屈你了，我相信那是語言上的誤會。」

「可是老師會認為我是逃學的壞孩子！」

「這是個笑料的題材，把它當笑話說出來，你就不會難過了。生活之中誤會難免，你要學會看淡它，對它釋懷。」

蓮霧樹下的景緻是悠閒美好的。母親在工作餘暇，在茶餘飯後，喜歡坐在那兒小憩，孩子們很自然地圍繞著她，談天說地。許多生活的點滴趣事，對孩子的勉勵，乃至如何經營農事等等，都在這兒聊了開來。這是我童年生活中美麗的一景，足堪回味。

依我看來，父母親要留一點悠閒時間，跟孩子自然地閒聊。把嚴肅的庭訓，化作柔性的話題；把生活和學習的叮嚀，變成親切的交談和同理。這對孩子的心智成長，會有很好的啟發和滋潤作用。我受惠於母親的智慧，以及蓮霧樹下的童年歡趣。我也希望許多父母，能在自己生活場景中進行這種柔性的教導。

七、到雷音寺造命

「也許，佛菩薩看我們虔誠的心，
就為我們改造了命運，賜給我們幸福。」

我七歲時，母親首度帶著我步入宜蘭市的雷音寺拜佛。我們越過一座小橋，橋下是流水清澈的溝渠，母子踏著沉穩的步子，懷著虔誠的心，跨進素雅莊嚴的佛寺。霎時我遠離了擔憂煩惱，踏上清淨美好的當下。我看到靈山法會的三尊佛像，被那莊嚴光明的氣氛攝受。我跟著母親跪了下來，內心覺得找到皈依處，找到庇護的佛菩薩，心中有著受到寵愛的感覺。

那段日子裡，母親生了一場大病，肺結核。這種病當時在台灣沒有特效藥可以醫治，死亡率很高。母親是為了打工賺錢，到軍醫院裡賣早餐受傳染的。母親病得面黃肌瘦，後來連咳嗽也變得虛弱，常常臥床無法工作。看她陷入病苦，我不免有些擔心。

我的嬸婆是母親的堂姐，姊妹情深，媒人也是她做的。所以她常來探病，擔心母親的安危，到處想辦法替母親治病。有一天她為母親去排了八字，說母親沒辦法活過三十歲。她急中生智問道：「聽說命可以改造，有什麼方法可以造命嗎？」這位長者排了我的八字告訴她：「這個孩子有善根，讓母親帶著孩子去拜佛學佛，會有大改變。」

於是，母親決定要去佛寺禮佛，拖著虛弱的病軀，牽著我的小手，走了六公里路來到宜蘭市的雷音寺。我們虔誠的膜拜，獻上一束果園裡摘來的小花，點上一炷香，祈求造命，要皈依三寶，實踐三皈三學。從那一天開始，我好像得到佛菩薩的護佑，也深信媽媽會康復，家裡會平安。更許願自己要做一個有用、能幫助父母的孩子。

我的虔誠信仰從這一刻開始，很快發展出宗教情操，拜佛學佛不輟。每個月都會到雷音寺禮佛，參加法會和聞法。我第一次見到星雲法師，被他高大莊嚴的風采所懾服，我喜歡拜佛學佛，決心做一位佛弟子。

回憶第一次參訪雷音寺的經歷是如此的殊勝。那是一個天氣晴朗的上午，我們母子就在陽光和佛光交織中，與佛菩薩作了虔心的接觸。我拜得特別的用心，祈求著佛菩薩賜給母親健康，我深怕佛菩薩會忘記這件事，誠摯地再三祈求。回家的途中，走累了就在一棵大樹下歇會兒，河水靜靜地東流，像在洗滌我們母子的煩惱，藍天和白雲似乎就是佛菩薩給我們的允諾。

「我很認真地向佛菩薩祈求妳康復，祂一定會保佑妳健康的。」我看著疲憊的母親，特地這麼安慰她。

「我相信佛菩薩會護佑我們，會指引我們造一個全新的人生，孀婆不是告訴我們要在拜佛學佛中造命嗎？」

「怎麼學佛造命呢？我們已經拜了佛了。」

母親沉默一會兒，說不出怎麼學佛和造命，只好說：「我們常常來拜佛，慢慢就知道怎麼學佛造命了。也許，佛菩薩看我們虔誠的心，就為我們改造了命運，賜給我們幸福。」

拜佛禮佛了一段時間，母親的病在軍醫的醫療幫助下，漸漸有了起色。雖然沒有特效藥，但在堅定的信仰之下，真的起了神奇的作用，母親的病漸漸康復。當然，我們對拜佛學佛造命，也就更具信心。

隨著年齡增長，我會自己前往雷音寺拜佛。到了初中三年級，我會用腳踏車搭載母親去禮佛。不過一進入高一，除了固定時間載母親禮佛外，幾乎每個星期都會去聞法，參加教團的活動。有一次，星雲大師為我們年輕人開示說道：「學佛就是開展智慧，年輕人要有智慧貢獻大家，要有能力服務大家。除此之外，還有一樣可以奉獻，看到別人成功做得好，能生隨喜之心，給人讚美肯定，這些都是奉獻。」每一次開示都能引發我上進和反省。又有一次他說：「做個好青年，就是要表現出慈悲喜捨。」他做了許多延伸和解釋。有次他更告訴我們青年人，「學佛是要你成為肯承擔，做一個有用的人，不是教你逃避現實，做一個沒有作為的人。」

我聽了星雲大師的開示，總會在餘暇或一起做農事時說給母親聽，母親也從中領悟很多。我覺得母親很懂得慈悲喜捨，更知道在精神生活上深耕致富。我也從高一開始依師父的指示，每天禪坐二十分鐘，並讀經看教，長期的努力，對佛法、拜佛、學佛和造命，有了更深更豐富的領會。

我很感恩母親帶我走入佛門，佛教的信仰讓我產生智慧、承擔和生命力，更給了我豐富的法喜和對人生的圓悟。母親現在九十一歲，我還能常常坐在她身邊閒聊幾句，我們分享著所造的命，卻又彼此相知「回頭是岸」的妙旨。

八、努力就好

「孩子只要努力就好，考幾分、第幾名有什麼要緊呢？長長久久努力下去，每個孩子都有好成績，都會有好前途。」

鼓勵孩子努力學習，是父母的重要職責，最好的方法是讓孩子累積成功的經驗，從而產生主動和信心；最忌諱的是拿孩子與別人比較，稍有退步就羞辱指責。我很幸運，因為父母都不識字，連成績單和作業上的評語都看不來。實際關心管教我的母親，通常只是語重心長地說：「要努力！要努力！」

童年的生活圈就是這麼小，母親到哪裡工作我就跟著到哪裡。當時國小中年級之前，因為教室不足，只能上半天課，另外半天當然就跟著母親下田或洗衣服、做家事。記得有一個上午，我跟著母親到河邊洗衣服，六、七個媽媽都在那兒浣洗。一群媽媽在一起，話題免不了轉到孩子們的學業成績。她們一談起這個，我總是很難為情，因為我的成績總是在倒數名次。

她們邊洗衣邊聊著東家的孩子成績好，西家的孩子讀不來，就在這時候，他們問起母親：「你們家孩子考幾分、排第幾名？」母親邊搓洗邊說：「嗯！孩子只要努力就好，考幾分、第幾名有什麼要緊呢？長長久久努力下去，每個孩子都有好成績，都會有好前途。」母親這番話，轉換了新的談話方向。她們就沒有追問我的成績如何，也為我保全了自尊心。

從河邊浣衣的談話開始，我真的不再擔心成績不好，抱著鍥而不捨的心努力學習。我不只努力讀書，更會努力幫忙工作，我的家人說我是好孩子，連鄰居們都讚美我「打拚工作」的精神。我的內心開啟了榮譽感，知道負起責任，做該做的事。現在想起來，我能持續不懈的讀書工作，是母親浣衣時的那句話——「孩子只要努力就好，考幾分、第幾名有什麼要緊呢？」

母親的清新智慧，引導我只管自己努力，不要與人比較高下，避開了「不成功就失敗」的陷阱。她相信只要努力，踏實地往前走，就能開展自己的前途。我的勤奮態度，就在鄉里之間受到肯定和讚美，我在學業上，漸漸聽得懂國語，學習也越來越順利。升上國小高年級時，我已經不再是低學業成就的孩子，漸漸有一張亮麗的成績單。真做到母親所說「有努力就會有收穫」。

在母親的觀念裡，努力不是一個名詞，更不是形容詞，而是兼具堅毅和生命力的動詞。在我童年時，宜蘭員山的枕頭山還沒有自來水，都是靠一擔擔挑回來的水，來維持生活所需。尤其旱季，水溝枯乾了，就得挑山腳下的水，或者到鄰村去挑泉水回家，一趟約兩公里。到了國小五、六年級，我已能跟著母親去挑水。她用大人挑的木桶，我用小鐵桶。小鐵桶一擔的重量約二十幾斤重。我總是跟著大人，挑挑歇歇地，一擔一擔努力挑回家。

這樣的努力工作，我並不以為苦，而且樂得能對家裡有所貢獻。年老的祖父母，看在眼裡也讚賞不已。不過，身體畢竟不是鐵打的，有其負擔的極限。有一天晚上，我睡了一覺醒來，想要上廁所，尿卻排不出來。尿道灼熱疼痛，我哭了起來。媽媽知道我過勞了，叔叔們也被吵起來，說我過勞上火，大伙兒建議我喝一瓶汽水。母親摸黑到店裡敲門，買了一瓶汽水給我喝。咕！咕！咕的喝了下肚，真是像久旱逢甘霖，約莫過一個小時，我灑了一泡通暢的尿，真是舒服極了。

我受了這次教訓，並沒有因此而免除挑水的工作，不過母親很細心提醒我，不要挑太重，要記得多喝水。她會提醒我：「人生該承擔的責任，還是要去承擔。幹活的事，誰都免不了。」

這又讓我聯想到我要考大學的一件往事。那時我對家中的事務已經能獨當一面，許多事我能做主了。要考大學的前兩天，我看著家裡的水肥已經滿了，如果不清理就會漫出來淹到家裡的廚房。我為了爭取時間念書，就商請堂叔，把一窟水肥送給他。堂叔為了慎重，去請問母親的意思，卻遭到拒絕。

母親很快就找我說話：「我知道你要考試，但生活的根本卻不能打亂，該挑的水肥還是要去挑，如果你不挑就由我來挑。」母親當時生病，不能由她來挑，我只好忍著去工作，努力幹活。

起先我心裡有些抱怨，但挑了幾擔之後，心情卻愉快起來，很快就把整窟水肥挑完。看到自己努力工作的成果，有著無盡的滿足和快樂。那一天晚上，我更起勁地準備考試，書念得更專注。接著，我考大學也很順利。

「努力就好」的態度使人來勁，身心因而振作。她堅持不要跟別人比較，而是參考別人的優點，步步踏實的去做。感恩母親堅定的教導，給了我拓展人生的有效方法。

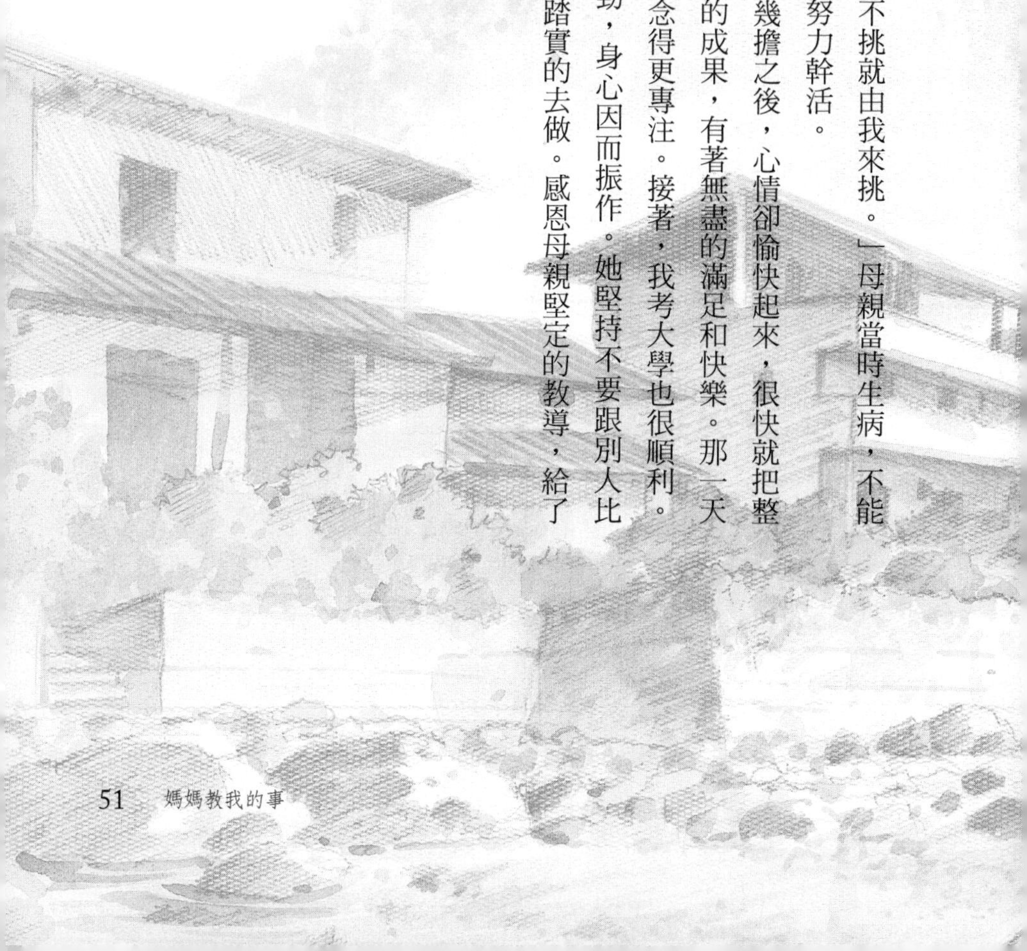

九、在參與做事中成長

「今天，別人需要協助，你要挺他；
改天換你需要人手，別人就會挺你。
這就是人情和溫暖，是活得親熱的原因。」

孩子的成長，無論是生理或是心智，都需要豐富的環境刺激。心理學的研究指出，多元智慧的發展，需要多方面的活動和參與。透過參與做事，發展各類能力和興趣。我深信指導孩子做家事、參與各類社交活動、協助成人做些經濟生活有關的工作，對孩子的心智成長最有幫助。

國小中年級時，母親教我在軍隊的垃圾堆裡尋找回收的瓶罐等雜物。一天下來可以賺個幾毛錢，這使得我在心理世界裡，已經開始進行經營的思考，開啟了我對家庭的責任感和奉獻。我把賺來的錢交給母親說：「媽媽，這些錢可以貼補買多些米。」

母親會親切的回應：「你已經會賺錢貼補家用了。」

就在這短短的對話和目光中，我覺得自己長大許多，懂得體諒母親的辛苦。

有一次，我在垃圾堆裡撿拾到幾片塑膠板，經過切割和磨平，做了好幾個三角板，一個留著自己用，其他幾個賣給同學。我賺到一塊錢，這在幼小心靈裡，就像做了一筆大生意一樣的快樂。

鄉下在水果大採收時，同時也會有許多落果，特別是採收蓮霧時，容易牽動枝枒，造成落果。孩子們站在樹下，一方面幫忙做點零碎的事，一方面撿落果。把落果賣出去也可以賺到幾毛錢或一塊錢，我覺得自己很有能力，也體驗到自己長大的信心。

母親鼓勵我用功讀書，也鼓勵我做家事、多參與。我的學校成績隨著年級突飛猛進，以前聽不懂老師在講什麼，現在老師一說就明白了，讀書對我不再困難，老師給了我許多肯定。再加上我參與種種家事和農事，很快就變成懂事的孩子。

到了念初中時，村子裡有了婚喪喜慶之類的事，我常應邀幫忙寫請帖或訃聞、收禮金、當出納等等差事。村子裡的人來往多了，認識的人也多了，我開始體驗到社會支持的溫暖。我的父母也對自己有了這樣的孩子為榮。這種溫馨氣氛，化成我們家庭的活力，帶動著幸福感。這些參與村子裡的事物，當然給了我許多啟發，特別是待人接物的態度，以及社會支持的力量。

母親誠摯善良，對親友一向熱心，對於需要相挺和互助的事，向來不落人後。她知道我讀書需要時間，但還是常對我說：

「我們鄉下人就是要相挺。今天，別人需要協助，你要挺他；改天換你需要人手，別人就會挺你。這就是人情和溫暖，是活得親熱的原因。」

「可是我自顧不暇怎麼辦？」

「盡力而為，別人也知道你的盡心。記得！稍為調整一下，事情就可以圓滿。不肯用心，就會失去圓滿。」

於是我有很多機會參與鄉親之間互助的事。能做的事越來越多，學的也更豐富。到了念高中時，我甚至參與過喪葬的事務，包括開墓穴、抬棺木等等。這些事情讓我直接體會生命的真相，了解許多禮俗和禁忌。這些參與過的婚喪喜慶事務，林林總總的知識，對於我後來研究心理學、輔導和宗教的信仰，有著很大的啟發。民俗之中，有很多深層的心理意義。這對於我了解民俗的心理治療法，有了實證的認知。

記得有一次我抬過棺木，鄰居的葬禮結束後，喪家給了我一小串鞭炮，要我回家時燃放它。我照做了，而且在燃放之後，母親還給了我一臉盆清水，洗滌一番才進屋子。我問母親：

「為什麼必須用清水洗臉和手腳？」

「洗去喪家悲傷的感染，重新回到自家清淨的心境，好開始面對自己的現實。也就是說，放下辦過喪事的沉重心情，重拾生活的歡喜和擔當。」

「不放鞭炮亡魂會跟過來嗎？」

「死者的魂魄不是輪迴去，就是往生極樂淨土，老早就不在人間，他怎麼跟過來呢？鞭炮聲是喚醒你回到清醒的現在，遠離喪葬時的悲傷。鞭炮聲也代表喜氣，透過它恢復了歡喜和正常。」媽媽的想法一向都很正向，遠離迷信。

母親要我多做事多參與，賜給了我對人生、信仰和各行各業的了解。我能夠讀得好書，有多方面能力去做事，都是母親的鼓勵和引導。

十、愛是生命的春暉

愛是生命的陽光，有了愛生命才能成長，才有機會茁壯。特別是母愛，真是生命的春暉，幸福的造化。

國小六年級上學期的期末，細雨霏霏，天氣冷得孩子們以奔跑來取暖。我們家裡又很透風，冷冽的冬風刮起，更顯得寒意逼人。不過家裡沒有人叫苦，更不會以貧窮自憐，所以很平常心過日子，孩子們總是嘻嘻哈哈的。家庭的氣氛仍然維持得溫馨，真是窮而不苦、寒而不冷的冬天。

六嬸婆在風雨的十二月天，撐著傘來到我們家。一陣噓寒問暖後，母親請她坐了下來，親切的問候和交談。我很自然地站立在一旁，聽大人說話閒聊。話題很快就轉到我的身上來。

嬸婆建議母親說：「你的孩子再過一個學期就要畢業了，總得讓他出去謀生才會長大。鄰村的李家，願意接受他當牧童，住在那邊還能三餐溫飽，此外一年還願意給一百斤穀子。」她很慇懃地表現出替我找工作當牧童的好意。

她確實是一番好意，為貧窮的我們解決燃眉之急。但我相信此情此景，做母親的心裡一定會不捨而心疼。不過母親仍然表現冷靜，恭敬地聽著長輩的話，對老人家的關懷和意見表示感謝。當時，站在母親身邊的我，卻有著不安，害怕被送出去做牧童而心情沉重，在心裡頭吶喊著：「媽媽！請不要把我送去放牛！求求妳！」但在我童年的時代，大人講話時，小孩子是不可以插嘴的。

胸有成竹的母親，很有禮貌地送走了嬸婆，回到家裡看到我還在發呆。她知道我的不安，知道當天的談話，帶給我晴天霹靂的震撼。於是，她摟住了我的肩膀說：「孩子，媽媽不會讓你去幫人家放牛的。我希望你繼續求學，用功讀書，將來做個有用的人。你要準備升學考試，只要你考得上，媽媽再辛苦都要讓你升學。」母親這番話，霎時給了我一顆定心丸。我感激得含淚回答她：「我會用功準備，好好讀書。」

鄉下孩子受到的文化刺激少，城鄉差距明顯，要考上省中談何容易。全校只有兩個同學考上省中，我當然只有就讀縣立中學的分，我就近選擇了頭城中學的員山分校。這個剛成立的分校，在老師王述之的努力教導下，開啟了我豐富的學習領域和視野，朝著正向的人生，步步踏實的往前走。不過，現實環境的許多困難，從念初中開始，才逐一挑戰著一位堅毅的母親和逐漸摸索前行的青少年。

初中一年級的暑假，母親很凝重的對我說：「下個學年我們可能繳不起學費。」她解釋地說，這一年來已經用掉全部她結婚前後所積蓄的私房錢。她實在想不出解決的辦法，才把實情告訴我，希望我能了解她的困境。

我聽了她的話，很鎮定的說：「媽媽，我知道妳一直希望我讀書，我也明白妳手頭沒有錢，無法供應我學費。於今之計，

我打算去學木工，將來當個木匠，一樣可以做個有用的人。」

「學木匠是很好的技藝，不過我想知道你為什麼要學木匠？」

「王老師上博物課的時候，為了做標本，就找了幾個同學一起幫他造木箱子。他看我鋸、鉋、削、釘等動作時，非常肯定我的手藝。還在大家面前稱讚我有木工的天賦。」我胸有成竹的回答她。接著，還跟母親解釋，我在老師指導下，造了好多成品。我很篤定的告訴母親：「我有木工的天賦，將來一定是一位傑出的木匠，妳放心，我會好好學，就能賺錢貼補家用。」

心想事成，透過親友的介紹，我很快成了木工學徒。我高興自己找到可以發揮的人生方向。

學校開學了，母親提醒我：「明天開學，你要去學校向王老師說明白，你不是因逃學而輟學，而是繳不起學費，才去學木匠當學徒。說清楚了，讓老師可以放心。」我遵照她的意思，次日上工前，先進學校向王老師解釋清楚，然後才去上工。沒想到，隔天一大早，王老師就請班上一位騎腳踏車的同學來通知，希望見我一面。

王老師一見面就說道：「你回去跟媽媽說，學校准許你分期付款交學費，有錢就拿來繳，直到繳清註冊費用。」母親聽說可以分期付款，欣然答應。我又回到學校念書了。這件事情，直到好幾年之後，我才知道分期付款是王老師先墊，母親才慢慢還。所以，我永遠感恩王老師的愛。

愛不但是生命的春暉，更是人生光明面的資糧，一切溫馨和生命力的源泉。我的一生，長期以輔導諮商助人，奉獻教育工作，是從這些感動中省發出來的。

十一、拼湊出美好

「懂得把自己身上的優點找出來，拼湊成可構築的圖案，就是一種成就。你以後要善用自己手邊有的布塊，拼湊出你的前途。」

人越能在生活中，抓住點點滴滴的美好，把它拼湊起來，成為生活的視野，就會活得有歡喜，活得樂觀和正向，對未來有信心、有希望。

母親從不自怨自艾，更不會陷入悲觀和自憐。她很容易看出事情的光明面，鼓勵我們面對現實，從中活出歡喜和快樂。這方面，她總是我的典範。

我童年的時候，沒有什麼衣服可以穿。所穿的衣服，幾乎全是母親自己縫製出來的。母親的縫紉技術很好，她幫軍人修改衣服、車襪底、做衣服等等，賺取微薄收入，以貼補家用。母親修改或做新衣剩下的小布塊，總是有條不紊地疊在一起。她一有空，就會把不同顏色的布塊，拼湊成被單或被褥。她依布料的顏色大小拼出圖案，銜接起來，成為美麗大方的成品。我蓋的、穿的都是她精心拼湊出來的作品。

這些精緻拼湊出來的衣服或褲子，如果拿到現在流行服飾店裡去賣，一定很搶手。因為現在年輕人喜愛有補釘的潮流服飾。然而，就我當時而言，看到別人穿著一身好布料，就免不了羨慕，心中有著寒酸和自卑。於是，我向母親抱怨：「穿著七拼八湊的衣褲，跟別人比起來，又遜又寒酸，我好想有一套好衣服可以穿。妳能為我縫製一套新衣嗎？」

母親遲疑了一下，彎下腰來為難地對我說：「孩子，有一天媽媽手頭寬一點，一定用新布料為你縫新衣。不過，現在我還辦不到。有人笑你穿拼湊布料做的衣服嗎？如果有人挑剔你，笑你穿的跟別人不一樣，你要從容的回答，而且要回答得中肯。」

「怎麼回答才中肯，才不會覺得自己寒酸？」

「告訴他們，你身上穿的衣服，所花的功夫，是一般衣服的好幾倍。此外，這些圖案是經過仔細安排才拼起來的，請不要以為這件衣服不好，這件衣服跟大家的一樣好。」她接著告訴我，不要說別人的比自己好，也不用說自己的才好，而是每個人穿的雖然不同，但都很好。

次日，我用母親的說法，回應了同學們對我衣服的評論。果然有了效果，其中有兩個小朋友，也穿了補釘過的衣服，他們護著我，肯定我穿的衣服是好的。當天晚上，我把實情說一遍，她安慰地說：「孩子！人生也是拼湊出來的。只要懂得把自己身上的優點找出來，去拼湊成可構築的圖案，就是一種成就。你以後要懂得善用自己手邊有的布塊，拼湊出你的前途。」

我疑惑的問：「什麼是我的布塊，它在哪裡呢？」

「孩子！人生的布塊就是你可用的點點滴滴才能，只要你肯學習，才能的布塊就會逐年增加，將來你可拼湊出美好的前途。」

從那時候起，我克服了穿著上的自卑，也懂得肯定母親為自己做的特殊衣服。穿著拼湊出來的衣服，想著拼湊未來的前景。一直到念完初中，我還是常穿著這種特製衣裳。

剛上初中的時候，母親買了第一雙球鞋給我。每天穿著它走四十分鐘路到學校，穿不到一年，不但鞋面破了，鞋底也快脫落，她教我補了又補，形成拼湊球鞋。為了避免耗損，往來學校途中，我捨不得穿，把它背在肩上走。後來連在學校也常打赤腳，因為鞋子已到不堪使用的地步。

老師責問為什麼不穿鞋，我回答：「我不喜歡穿鞋子，因為穿久了腳會痛。」

於是老師訓斥我：「穿習慣了就好。下次不穿鞋就打你的腳踝，看你還穿不穿！」（當時並沒有規定不准體罰）

老師果真執行了他的糾正計畫。我的腳踝開始遭殃，連著幾天挨打，我還笑兮兮地強裝勇敢。幾天之後，痛處未癒，新的體罰又來，特別是在冬天受罰，更是疼痛難喻。我在受罰之後，突然悲從中來，聲淚俱下哭了起來。王老師拿起我那雙拼湊鞋，看了看說：「孩子要穿鞋才好。」並且要我把它穿上去。我照辦了。

次日的早上，王老師找我到辦公室，低聲笑著說：「這雙新鞋子送給你。」

我捧在手裡既感激又不知受還是不受。看在我的眼裡，這是我最需要的東西，但我不能無功受贈。所以禮貌地回覆老師：「昨天母親和我一起又重新縫補好鞋子，還很好穿。這雙鞋子你兒子剛好可以穿！」我恭敬感恩地說了謝謝，把鞋子留在老師桌上，奔跑回到教室。雖然沒收下鞋子，但我領受到滿滿的愛。

披著拼湊的衣服，穿起補了又補的鞋子，每天兢兢業業地上學，回家就勤勞幫忙做事。我的心裡不覺得辛苦寒酸，想著的是：用一片片布塊般的新知和經驗，去拼湊美好的視野和前程。

十二、善誘與激勵的力量

「一回生兩回熟，只要你跨出第一步，接下去就步步順遂。一個人必須腳肚長肉，才走得出去、走得遠。」

光陰荏苒，很快就升到初中三年級，大家的共同話題是要不要考高中。我知道家裡經濟環境困窘，根本沒想升學，只考慮畢業後怎麼找到工作，或者學個一技之長。

王老師很關心每個學生的未來，所以慎重地在班上個別詢問。當他問到我時，我毫不遲疑地回答：「我不升學，初中畢業就已經很幸運了。」他接著問：「不升學要做什麼？」我說：「我準備去學木工，好賺錢貼補家用。」他以關心祝福的口氣說：「你有木工的天賦，一定學得會好手藝。」

接著繼續詢問下一位同學的意見。

調查升學意願後的第二天中午，同學們正要伏案午睡時，王老師來到我身邊，輕輕喚我說：「請你來一下，我有事情跟你商量。」於是我跟著腳步到了辦公室。他要我坐下來，還為我倒了一杯水。他把椅子移近一些，好讓彼此更接近更能交心的談話。

「我們來商量一件事。」他清了清嗓子，輕聲地接著說：「班上如果多一個人考上高中，我就多增添一些面子。以你的學業程度，準備一番一定能考取高中。這樣好不好：我替你報名，你替我去考個面子回來，不讀也沒什麼關係，你認為如何？」我聽到老師對我的肯定，又期待我為他爭光，內心想著做人要有情義，所以肯定地允諾下來說：「好！你替我報名，我替你多考個名額回來。」

允諾之後的第二天，他送給我幾本升學用的自修。我很自然地接受他的給予；因為我是為他去考個面子的。就這樣我很認真的讀書，我以漂亮的成績考上省立宜蘭中學。

王老師很高興地找我談話，讚許我為他多爭取了一些光榮。然後，他懇切的說：「回去跟你母親說，老師願意借錢給你讀高中，以你的天賦應該繼續念書，將來有好前途。」

我把王老師的話轉達母親。她很明快的否定了。「老師的好意我們要感謝他，但不可以跟老師借錢讀書。借錢只能借一時，不可以借長久。」頓時，我好像希望落空，有點失落。她輕喚著我的小名，好像要叫醒我一樣。接著說：「你能考取省中，真是難能可貴。村子裡的人都讚美你，看到我就為我恭賀，羨慕我有一位上進的孩子。我當然也很高興，希望你能念高中。我已替你想好籌學費的方法：去賣水果賺錢繳學費。」

母親怕我不從，又重複說：「要記得！借錢只能借一時，不可以借長久。」停了一會兒，她進一步解釋：「王老師只有一份薪水，他要養家，也要付子女的學費，你不能增加他的負擔。」她斬釘截鐵的說：「去賣水果！要走出自己的路。」

這番嚴肅談話過後第三天下午，她為我批進了四十斤的芭樂，告訴我第二天就挑出去賣。我嘟著嘴沒有答應，於是母親開始勸說，告訴我怎麼有禮貌招攬顧客，說自己賣的芭樂甜又香，如果有人問為什麼賣水果，就告訴對方是為了籌學費等理由。她說得很多很認真，我還是對賣水果感到怯生生的，不肯答應下來。

過了一會兒，她用鼓勵的話說：「一回生兩回熟，只要你跨出第一步，接下去就步步順遂。你要知道，一個人必須腳肚長肉，才走得出去、走得遠。你千萬不要像媽媽一樣，走不出去而受困在這鄉下。孩子！你得跨出這一步呀！」我還是不願意。於是，她去做晚飯，我去做點家務事。

晚餐過後的餘暇，她又提起明天得去賣水果的事，我還是遲遲不答應。於是她帶著責備口吻說：「你千萬不要吃死雞仔腸喔！」她解釋說，鄉下人遇到雞瘟時，一般人是把死雞丟掉，只有窮困的人，才撿死雞來吃，但他們還是把內臟丟了不吃。只有最沒辦法的人，連死雞都撿不到，才會撿拾人家不要的死雞仔腸吃。她說這句話是責備也是警惕。

到了晚上要就寢時，她又叫我過去。

「明天如果你不去賣水果，只好我自己挑出去賣。我們窮得三餐不繼，哪來錢買四十斤芭樂自己吃！」她頓了頓，然後像下命令一樣說：「去睡覺！明天一早我會叫你起來，一定要去賣水果！」

我無言的去就寢，第二天母親叫醒我，吃了早餐，生澀地挑起了那水果擔子，走了出去。繞了十餘公里的大圈圈，終於把水果賣完回家，我賺到台幣五塊又幾毛錢。這是一個不錯的獲利，從那天開始，我開啟了新生，走向步步為營的路子。

王老師的誘導給了我成長的新機，母親的激勵讓我有勇氣跨上人生的征途。

十三、小批發新嘗試

我很高興眼前有了一條走得下去的路，
心裡有著紮實和自信的感受。
我選擇做小批發半工半讀，完成高中學業。

利用暑假去賣水果，原先只是單純地賺錢繳學費。不過一挑上那個擔子，每天要和顧客說價錢、論斤兩，對現實生活更增加瞭解，可說是豐富的多元學習。我開始幫助父母張羅柴米油鹽，關心家裡溫飽的問題。我對家庭生計，進一步有了整體思考。

有一天，我奉母命騎著腳踏車到五公里外向舅媽借米，因為家裡的米甕空空，弟妹們食指浩繁。在來回的路上，我領會到面對現實：我不能只顧自己籌得學費去念書，還要幫忙貼補家用。當天晚上，就對母親談起我的顧慮，一時兩個人都陷入無解的沉默。

「媽媽！妳以前常期許我，長大了要當弟妹們的火車頭，能帶動他們一起上進，帶動這個家，但怎麼樣才當得起火車頭，幫忙分擔家計呢？」

「你就先註冊上高中念書，家裡的事船到橋頭自然直。你有心照顧家裡我很安慰。」她長長的吸了口氣，似乎心中有個想法沒說出來。於是我盯著她，希望她說出心事。

「妳是不是想過有什麼方法，在我高中開學後，又能做點什麼事，賺點錢貼補家用？」

她遲疑了一下說：「如果你能像鄰居叔叔那樣做小批發，或許可以解決問題。」

我覺得這是一個可行的點子，所以即刻去請教

鄰居叔叔的買賣生意。他說，傍晚到村子裡批進水果一百多斤，次日清晨用腳踏車運到羅東批發市場去賣，一天可以賺個二十幾塊錢。叔叔算了算里程，從家裡到羅東約十六公里，賣完之後，再從羅東趕回宜蘭中學，還要十公里路。如果賣得順利，回到學校上課應該辦得到。他很支持我的新嘗試並說道：「萬一有時候貨不能及時賣出，你可以先去上學，剩下來的貨，我可以幫你賣。」有了他的解釋和允諾協助，我對於小批發的新嘗試，有把握也有信心。

於是，在還沒有開學之前，開始試作營運，除了路途遠，比較辛苦勞累外，賺的錢比原來當小販還多。我很高興眼前有了一條走得下去的路，心裡有著紮實和自信的感受。我選擇做小批發半工半讀，完成高中學業。

人生許多事情想起來順理成章，做起來卻有許多障礙，這是面對現實的核心課題。買賣不是單方面能完全控制的，送貨和收帳必須自己來，而且還要配合買方指定的時間地點。一旦時間和運送有了差池，就無法準時在上午八點鐘前進校門，於是我常遲到，而被罰站在校門口。面對著國父孫中山先生的銅像，好像在參契「天下為公」四個字的大義。不過，我心裡卻會想著：天下怎麼會公呢？不過，在遲到受罰的情境中卻也發現師長的溫馨。

每天站在學校門口維持秩序、抓遲到的人，總是那幾位教官，其中有兩位教官了解我的生活實境，常通融我進學校上課。他們因為軍訓實彈射擊的標靶經常托放在我家，對我的生活環境很了解，所以給了我方便，也給了我溫暖和支持，好讓我能堅強地半工半讀下去。

有一天我又遲到了。校門口站著的是校長，他是嚴肅沒有笑容的長者。我依照他的手勢，將腳踏車停到一邊，在銅像前站好。很湊巧的，當天遲到的人只有我一個人，又遲到了十分鐘，所以被嚴厲的訓斥一番。那一天我覺得自己受辱，又被罰站一小時。想著自己從清早四點半出發，在生活的征途上歷盡艱辛，現在卻要站在孫中山先生銅像前受罰，不免委屈而悽然淚下。

突然間，在我的腦際裡浮現了一個負面的想法，「做人不必做到這麼受委屈，明天就不要再上學受辱，早一點投入職場好些！」想到這裡，又有著不捨之情，因為班上同學大家相處這麼友愛融洽。這時，心裡頭又出現一個強勢的念頭說：「這可以跟同學說明，希望大家繼續保持同學之誼，將來畢業開同學會，不要忘了邀我參加。」天人交戰後決定：明天就輟學，今天下午要跟班上同學做個告別的講話。

決定輟學之後，卻讓我離情依依。回到教室時，腦子想的都是要跟大家說什麼話、以後就不會再有美好的學生生活等等，思緒雜亂，無法專心聽課。中午，我打開便當盒，卻毫無食慾。就在這時，身邊出現了孔樹青教官，他親切的喚了我一聲：「你還在難過嗎？」我站起來對他點點頭。

他安慰我說：「校長是不了解你，才會罵得那麼兇。改天我會找機會向他說明，他也會諒解的，不要難過，好好吃飯。」他隨即轉身離開，才走了三、四步，又回來告訴我說：「其實你辦得到的事情，我們大人都未必辦得到。」就這樣一句支持性的肯定話語，我驟然回心轉意，平安度過一劫，又勤奮的半工半讀下去。

每個人都有脆弱的時候，特別是青少年，最需要在這個節骨眼上有貴人出現，為他說幾句鼓勵的話，這比漫天的金玉良言要來得受用，是乾旱中的及時雨。

我很感恩孔教官的這番話。

十四、想辦法解決問題

「歌仔戲裡頭說『窮則變，變則通』，那就看看你怎麼變巧。你有受教育，懂得的比我多，你想想有什麼辦法可行。」

母親是一位懂得思考的人。對於值得做的事，她不會陷入零和思考的困境裡，在做與不做、能與不能之間，作不全則無的選擇，她認為把事情弄清楚，就可以找到可行的路子。所以，與她談話不會有被斥責或批評的感覺。

母親會傾聽、會問許多問題，把事情釐清。和她討論事情，有被尊重的感覺。但父親不同，當我的話還沒有說完之前，父親常常就急著先提出他的看法，並附加幾句批評或責備。所以，我有事情都是和母親討論，她真的懂得「窮則變，變則通」的道理。

水果小批發生意，確實是我半工半讀的好選擇，雖然辛苦勞累，但能為家裡帶來經濟上的貼補。唯一的困擾是無法完全掌控在上午八點之前進學校，以致受到處罰。雖然，我盡力的安排和趕路，但總免不了出狀況而受責備罰站。因此，每天總是戰戰兢兢，心理壓力很大。

有一天我和母親閒聊到這些事情，也把孔教官對我說的「你辦得到的事情，我們大人未必能辦得到。」這段經過說給她聽。她靜靜傾聽，用支持性語言，讓我說下去。她很欣賞教官的鼓勵，也同理我委屈受苦的情境。

「有沒有什麼方法，可以加快速度賣出你的貨？」

「大家都是把貨送到市場，等著批貨的人來購買。被動地等購貨的人來買，不但很花時間，而且有著無法掌控的無奈。這種宿命式買賣，真讓我急死了。有時只好降價求售，趕快賣出去，好趕赴學校上學。」

母親和我交談的方式，是很有條理的，這來自一次尷尬的往事，值得在這裡一談。母親有一項嚴格規定：嚴禁自己一個人到河裡戲水。但是有一年我被暑熱的夏天以及清涼豐沛的河水所引誘，自己一個人脫光了衣服，跳到河裡游泳，真是開心的午後清涼。我把母親的叮嚀完全拋諸腦後。

這不但違規，同時也是危險的舉動。每年的暑假，孩子戲水滅頂的事故頻傳。這使所有的母親都提高警覺，更加操心。有一天下午，她獲報我正在河裡玩水時，便拿著竹鞭要來處罰我。後面還跟來幾個小朋友，要來看熱鬧。我一看到她來勢洶洶，怕得連褲子都來不及穿，全身赤裸奔跑得很遠，想躲開她的鞭刑。赤裸的身子讓我很難為情，於是躲在草叢裡不敢出來，這比被體罰更難過。後來，還是她請堂哥送來衣服，我才能體面的回家。

當天晚上，她溫柔地對我說她的限制是因為愛我，她怕我在湍急不定的水中滅頂，還摟著我說「要記得不二過」。我依偎著她作允諾，但也傾訴了我當時的尷尬和難為情。她答應我：「以後絕不體罰你，有話好說，但你要講理哦！」我答道：「我會講理的。」她伸出小指和拇指，和我蓋了首肯的手勢，母子之間相視的笑一笑，彼此有了會心。

母親和我從那時起，開始有著思考、講理和交心的談話。她總能給我一些指引和安慰。雖然有時候，訴諸強勢的引導，仍然不失交談的啟發和愛心。不過，隨著我的成長，她能給我的現成答案也就越來越少，於是我們改變成談話商量的方式。

現在，母親和我為了我經營小批發，不能趕得及上學，兩個人愁眉苦思。她為了延續我們的創意交談，拋出這般話：「歌仔戲裡頭說，『窮則變，變則通』，那就看看你怎麼變巧。你有受教育，懂得的比我多，你想想有什麼辦法可行。」

就在受到支持的剎那間，我腦子浮現了一個想法。

「媽媽，你認為這行得通嗎？我去找我的顧客，好好跟他們商量，直接送貨到店裡，如果他們同意，就可以節省許多時間，我就不會遲到。」

母親開心的說：「這是個好點子，你可以想想怎麼進行。」

創意的思考，是從腦力激盪中得來的。現在有了方向，就得有執行方法才行。於是，次日我在賣貨送貨時，第一次詢問一位市場的老奶奶：

「老太太，我為了趕時間上學，我們來打個商量好嗎？我替妳從產地買貨送來，老實向妳報價，妳每斤讓我賺兩毛錢的傭金好嗎？」

「我怎麼知道你報的價是真是假，會不會以少報多，比批發市場還貴？」

「我是學生，絕不說謊。我也是佛弟子吃常素，更不打誑語。妳一定可以信任我，而且價格也會比批發市場來的便宜。因為我們免了市場的服務費。」我誠懇說道。

老太太同意了，我繼續用這種方式，招徠新客戶。不到一個月，我已經客滿。後來訂戶增加，我還雇用叔叔幫忙送貨，我第一次當老闆，上學也不再遲到了。

親子之間，沒有責備和批評，最能面對真實，產生思考性交談，這時創意的點子，會悄悄浮出腦際，投射在生活的現實上。青少年時期，母親的傾聽，和相信我有能力解決問題的態度，是她所賜的最佳創意平台。

十五、與信仰會心

在辛勤的工作和求學路上，我漸漸融入了信仰，而不再孤單，也少了些苦惱和抱怨，而有著佛菩薩與我同在的安全感和歡喜。

自從陪母親一起拜佛學佛之後，我的觀念和思想漸漸受到佛法的薰陶。尤其是高中時代，我有較多自由，可以騰點時間到雷音寺參加青年學生的活動，或者聆聽星雲大師的演講。我的宗教情操漸漸形成，佛法的基本觀念也變得豐富，還有機會向寺裡請佛經回家，慢慢的閱讀。

在那半工半讀做小批發生意的時期，宗教信仰和參契佛學知識帶給我許多慰藉，形成精神支柱，總覺得自己並不孤單，有佛菩薩加持護佑。此外，觀念上也認為，受苦並不那麼難耐，因為行苦是修持和德行的一部分。於是每天都有禮佛的定課，依照師父的指示，每天禪坐二十分鐘。

有一天清晨，我例行地騎著腳踏車運貨到市場，行經蘭陽溪大橋，穩定地踏車前行。眼前所看到的是筆直的橋面，而筆直的鐵路就在十公尺外，平行的延伸，通往羅東。左邊看過去，是一望無際的太平洋，右邊看過去是雄偉的太平山，風景美極了。尤其是太平洋上空，日出前瑰麗的晨曦，璀璨的雲彩，令我陶醉在美如仙境的山河大地裡。霎時，我意會地說：「這不就是東方阿閦鞞佛的世界嗎？祂賜給我們莊嚴的生活，引導我們踏

上妙喜的人生。慈悲偉大的阿閦鞞佛，今天我終於領受到祢的法味。我每天認真的工作，祢一定會讚美我莊嚴的心地。心甘情願地面對艱辛，祢一定會肯定我，同時賜給我妙喜的福德和智慧。」

從那一天開始，我了解修持的心要就在自己的生活之中。傍晚時分，我正奔波於進貨的途中，我看到夕陽西下的餘暉，自動會觀想著，那是西方極樂世界的阿彌陀佛，祂教導創造福樂，但心中要清淨無執無染。生命完成之日，我將以極樂淨土為歸宿。

在辛勤的工作和求學路上，我漸漸融入了信仰，而不再孤單，也少了些苦惱和抱怨，而有著佛菩薩與我同在的安全感和歡喜。不過，生命是艱辛的過程，當現實生活遇到大波折時，仍然會起煩惱，起種種心中的不平和障礙。

於是，每當碰到困頓紛繁時，會來到雷音寺禮佛，在小而莊嚴的佛殿，靜靜地禪坐一會兒，我會得到很好的紓解，並從中感受到安慰。我覺得在那兒靜坐片刻，就好像回到亙古以來的老家，接觸到比母親更母親的溫暖

和安心。

有一回，一位長輩用不公平的手段，搶走了我的貨源，讓我連著幾天生意慘澹。我找他理論，因爭執而發飆，差一點起肢體衝突。事後，我向母親告解，母親告訴我說：

「在商場的競爭上，出面說該說的話是勇氣，即使言辭劇烈一點，也是正當的表示。不過，如果過分激怒，說錯話做錯事，那就叫不理性。你今天所做的，並不過分，不要難過。此外，我要提醒你，明天大家在市場又見面，就要以平常心跟他打招呼，這是禮貌，是因為他是你的長輩。」

雖然母親這麼說，我心裡卻覺得辦不到，因為我還是憎惡那位長輩。當天晚上，我在禮佛定課中，祈求佛菩薩賜給我智慧和寬恕的勇氣。「慈悲的佛菩薩，我虔心的祈求，讓我有勇氣說正當的話；讓我有雅量寬恕別人的錯；讓我有自在的心，在任何地方都能以平常心，作適當的回應。明天，更請祢賜給我不尷尬的情境，讓我們彼此留有情面。」

第二天的上午，在市場碰面時，我主動向他招手打招呼，簡單說了一句

「早安！」他也禮貌的回應我，在彼此的態度和表情裡，似乎比以前更親切，真是不打不相識。後來這位長輩對我很好，有時還會給我一些商場上的協助。我真感恩母親的指導，更感恩佛菩薩的加持和智慧的啟發。

信仰不但給了我待人接物的智慧，也帶給我堅定的信念和人生的究竟義。所以我力行聞思修不輟，常常到雷音寺去禮拜。特別是星雲大師，為我們莘莘學子在雷音寺的念佛會堂，辦了一個光華文理補習班。我為了提升學業水準，週末星期天，也常去聽課，接觸佛法陶冶的氣氛也就增加。

母親知道我在佛教信仰上精進，以及參加雷音寺的文教活動等事，總是歡喜的支持。她相信星雲大師所說：有佛法就有辦法。母親真的看到我隨著年齡的成長，越來越有辦法。到了高二上學期，我的生意拓展到台北中央市場，這對我而言，真是柳暗花明又一村。

虔誠信仰正信的佛教，精進的努力和學習，以及種種磨練的經驗，讓我日子過得有信心有智慧。我把這些行持的力量稱為宗教情操。它一步步引領我與佛菩薩會心。

十六、逆境振作笑一笑

「上蒼不吝嗇給窮人歡喜和快樂。
祂給每個人一樣多，只不過窮人常常會不領情而已。
為什麼不偶爾詠唱一番，帶給自己歡欣呢？」

人的生活有順有逆，有得意有失意。母親常常提醒我不可以得意忘形，更不可以失意悲慟而喪志。人免不了遇到重挫或損失，悲傷過後要懂得回神，提醒自己笑一笑，設法度過眼前的困境。

高一的暑假，宜蘭被強烈颱風侵襲，家裡的屋頂幾乎被掀光，村子裡的果樹連根拔起，樹枝光禿禿的，連一片樹葉都不留。沒有水果就沒有生意可做，想著繳學費，想著米缸裡的米快吃完了，就更加惶恐沮喪。母親看到我喪氣的樣子，走了過來對我說：

「颱風帶來這麼大的損失已經夠慘了，如果加上愁眉不展的悲傷，損失就更大了。孩子，振作點兒，笑一笑。我們得著手修繕一個可以遮風避雨的地方，開始行動吧。」

我被她一提醒，打起精神來，和她合力修補了一間房間，蓋上塑膠布和浪板，到了晚上時，終於有了臨時棲身的窩。當天夜裡，弟妹們躲在房間裡頭有說有笑，媽媽也開心地樂在其中。隔了幾天，父親從外地工作回來，我們的復原工作更順利進行。於是，生活中的歡笑聲，把災難的恐懼和擔憂，化作溫馨和力量。

在復建工作上，母親很讚美我做事情的條理，更肯定我的執行力。原來是一場天然災害的悲劇，在我的心中卻留下振作的笑一笑，以及奮鬥努力的寶貴體驗。

不過，生活的磨練是接踵而來。這一年的冬天，父親和兩位長輩，到宜蘭南澳鄉作生意。他們承包山區一大片竹林，雇工將竹子砍伐下來，運到市場販售，供搭蓋建築鷹架之用。砍伐竹子不是一件容易的事，從山上一根根的砍下來，修裁妥當之後，要雇工扛下山來，泡在水池裡，等待河水豐沛時，放流而下，再由卡車載運到市場。但是砍伐的時間不對，竹子要放流時正好碰上乾旱，水量驟減，加上春天樹木發芽，一時河川乾涸。砍下來的竹子，無法順利流放。結果堆積如山的竹子，全在烈日下曝曬，乾裂成為廢品。這次血本無歸的生意，讓父親更陷入絕境。他把我們辛辛苦苦耕耘出來的果園賣掉，還不夠償債。於是，家裡陷入更嚴重的生活危機。

我們全家債務纏身，舉債養債，追討者咄咄逼人，欠債者心虛無助，一次一次的追討，真是困苦非常。我深深體會窮字只有一穴，卻藏著無盡的心酸。鄉下人常說：「作生意如果順利，大賺一筆可以養家五年。」但是我記憶中，父親只要大大投資一筆，五年都還不完。背著債務的家庭，是很辛苦煎熬的。我雖然能幫忙一點貼補家用，卻無法對父母盡一點還債的心力。我常常掉落在沮喪的心情之中。

有一天晚上，母親看到我陷入煩惱落寞，提醒我說：「年輕人，做生意虧大錢就已經很慘了，再加上愁眉苦臉，不是虧得更多了嗎？振作點，笑一笑，去做點正當該做的事。今晚我們來煮點番薯湯打牙祭。」她帶領著弟妹們生火和削番薯，大家動起來。不一會兒，一鍋香噴噴的點心就在桌上，全家人圍著坐，吃得有說有笑。

有一次我們一起上山打工，幫人做除草施肥的工作。來往的途中，她輕輕地哼著小調。

「媽媽，妳唱的是什麼歌？還滿好聽的。妳怎麼會有好心情唱歌呢？」

「我唱的是小時候聽來的歌謠，以前很開心的唱歌，現在唱它時會使自己開心。真可惜，我學的歌謠太少，否則會有更多開心。」

「有人說窮困的人沒有權利快樂，妳能唱出快樂和好心情來，真是不簡單。」

「上蒼不吝嗇給窮人歡喜和快樂。祂給每個人一樣多，只不過窮人常常會不領情而已。孩子！你從小學到高中，一定學了許多歌，你為什麼不在這高山溪谷裡，詠唱一番，帶給自己歡欣呢？」

聽過她的建議，我常常在上山工作時，邊走邊歌唱。即使在回家途中挑著番薯或薪材，也會在耳際裡哼唱著。我領會到她所說的道理：「佛菩薩聽到你的歌聲，也會肯定你已經開了智慧，懂得過法喜的日子。」

在我的一生之中，我常提醒自己，要保持警覺。不讓不快樂或負面情緒，盤踞心頭太久。我所用的方法就是詠唱一曲，並提醒自己，朝著正向轉個念頭說：「振作點，笑一笑。」

十七、路是人走出來的

「凡事要多聽多觀察，多請教高明。肯向別人請教，又能讓別人樂於告訴你，眼光視野自然提高。」

人生需要創意，才能突破眼前的侷限，跨出新的步伐，走出自己的路來。不過必須有足夠的知識、經驗和資訊，有想要的方向，才能促動靈感，產生創意。像這樣系統性思考的見解，並非鄉下不識字的母親所用的言詞。不過她有其獨特的看法，讓我從她的閒談中，學到相同的智慧。

母親很善於在生活或工作中隨緣閒聊，說出她對我的期望。這種方式不會讓人覺得在說教，而是真誠地分享她的看法。有一次，我們兩個人在田裡工作。累了就隨地坐下來，喝口水，隨興聊到某些有成就的親戚長輩，都極有見識。

「你上學讀書，又經常在市場上出入，看的比我多，比我更會思考。不過我要提醒你的是：我們生長在鄉下，各方面知識和見地不免受限。所以，凡事要多聽多觀察，多請教高明。」

「我喜歡多看多聽，出門在外若能禮貌地向人請教，很容易學到一些知識和觀念。」

「我看得出來，你有這個好習慣。肯向別人請教，又能讓別人樂於告訴你，眼光視野自然提高。能如此真好，將來就不會被困在鄉下走不出去。」

因為我們有共同的想法。每當我從待人接物中，觀察到一些心得，或請教到好見識時，就會在母子閒聊交談中，分享所知見解，彼此也很能會心。因此，我除了學校所學的知識外，生活的經驗也較豐富。由於信心提升，當我與成人談話時就顯得自然，談吐也穩重成熟。

有一天，我從學校放學回家，看到學校附近的農田，都是翠綠的菜園。農人來往熙攘地工作，菜販正在那兒收購採收的蔬菜。我路過那兒，遇到一位年長的菜販，一時興起走過去和他攀談。禮貌地問他購來的蔬菜送到哪裡出售。他有些訝異地回答說：「你這個學生，不好好讀書，問這些幹什麼？」

我謙誠地解釋，自己也是一個水果小批發商。學校放學後，就到產地批發水果，第二天一早運到羅東去賣，賺點小錢貼補家用，接著就趕到學校上學。

他聽完我的自我介紹，肅然起敬的說：「你原來跟我一樣是搞批發的！真佩服你還是個學生哪！」他接著很誠意的為我解釋：「我是把批進的蔬菜，運到台北中央市場去賣！」

「你是自己賣嗎？」

「不是！我送到蔬菜市場託售，賺點差價而已。」

「台北的中央市場也批發水果嗎？」

「只隔一條巷子便是批發水果的市場。那兒有許多水果行，如果你送水果給行口賣，他們依批發金額，收取『行仲』費，你去問問就知道。」他很認真的為我解釋運貨的流程：「晚上八點，託貨運公司把貨物送到指定的行口，第二天他們就替你批售。然後寫清單給你，告訴你賣的價格，抽取行仲多少錢，然後把貨款匯給你。」

我大略了解，但實際作業還是一知半解，於是又請教對方：「什麼時候方便，我跟著你去台北中央市場看看？」

「當然可以，為了顧及你上學，這個星期六晚上出發，你可以跟我一起去看看。」我很高興找到一個新的嘗試機會。就在那個週末，依約和他搭上花蓮貨運公司的貨車，到中央市場了解業務。

這一次的投石問路，對我影響殊大。為了確實了解作業流程及水果行的行規等等，我事先作了許多準備，所以在交涉時很容易就和水果行達成協議。再加上父親朋友的協助，我開始踏入大批發的行列，每天從宜蘭進貨，運到台北批發。業務漸漸熟悉，數量隨之增加。水果盛產季節，一天可以做到兩千斤的水果生意，收益也比以前多些。這次改變的最大好處是每天可以準時上學，有較多時間可以念書。這證實母親教我多看、多問、多向人請教的好處。開啟了較寬廣的視野，進而為高中畢業後，來台北批發水果作鋪路。

母親看到我的成長，當然覺得安慰。我學會的本事逐日增加，閒聊起來也越加風趣、豐富。我總覺得她的傾聽以及親切真心的回應，能帶給我許多鼓勵和啟發，進而產生創意的行動。

我也發現，父母親跟子女談話，未必有問必答，也非一定懂得正確的答案，而是透過真心的分享，在孩子的心智世界，產生陽光一般的照明。

十八、懂得苦中作樂

「有多大肩膀才挑多大擔子。人要了解自己和現實，努力去工作，但要恰到好處，不能過勞。要苦中作樂，不是苦中生苦。」

生存是艱難的，因為要面對許多挑戰，解決許多問題。人如果不肯挺起身子，動用大腦去解決問題，他的人生有可能被問題解決掉。不過面對諸多困難是痛苦的，這使許多人想要逃避它，找理由規避或拖延，漸漸養大難題，造成無助和不幸。

母親對這件事情看得很清楚。她常常帶著我一起面對種種生活的挑戰。她開心的工作，平靜的應付困難。特別是爸爸經商失利欠下了債務，她會

很理性的告訴債權人還款計畫為何，例如具體的告訴對方：「等到豬隻養大賣掉時，就會把欠款還你。」她允諾的一定做到，帶著現款去償還的就是我。我對生活的體驗，是參與母親的實際行動，漸漸發展出來的。她會在我辦完事時，對我表示肯定和嘉許。還解釋道：「我們雖然辛苦，但日子過得心安理得；我們在苦中作樂，也就不覺得苦是那麼難耐。」

她認為我用功讀書是應當的。但是做買賣、到深山墾植或打工等等，是生活的一部分。她清楚的告訴我：「把肚子填飽是第一，有了時間就要用功讀書，為前途舖路。」所以，我沒有時間去遊玩、看野台戲，甚至連過年的幾天，都要好好把握機會用功。這是母親教給我的人生責任。

自從父親經商失敗之後，母親面對的生活壓力更大。要養活六個小孩，要打理食衣住行，要照顧他們起居生活和上學。父親在外工作，很少在家，我就成為她得力的助手，她教會大孩子照顧小孩子，彼此合作分擔家務。母親就可以到深山墾植種番薯，一者可作為家庭糧食的來源，再者可拿來養豬，改善家庭經濟。

母親從家裡出發，到內石門的地方墾植，一趟步行約需兩個小時，回程時挑著番薯回來，也要步行兩小時。所以她早出晚歸，工作很辛苦。我很捨不得她過度工作，擔心她累出病來。所以學校一放學，就騎著腳踏車，飛奔的趕去接應，把她連同番薯一起載回家。有時我到達終點，她還在山路上，就趕上山幫她挑那沉重的番薯。在我腦海裡有一幅活生生的畫，那就是：母親遠遠地在夜幕低垂的山路，挑著番薯搖搖擺擺的身影。我看著她，既親切又感動。母親展現的生命之愛，無法用語言描述。

載著母親和番薯回家途中，我們分享著彼此的斬獲。她會告訴我深山裡發生的大小事，諸如猴子來偷吃番薯、長尾山娘（台灣藍鵲）正在求偶歡唱等等。我會告訴母親今天學校聽來的趣事、做批發生意賺了多少錢，還有弟妹們都很能幹分擔家事等等。我們辛苦了一天，但也從中得到喜樂。苦中作樂，盡在不言中了。

我念高中時的工作收入很不穩定，颱風肆虐之後或者非水果產期，就沒有買賣可以做。但是生活的現實，卻不可以暫停。家裡基本溫飽的開銷，等著父母親去張羅。當然，我也不能閒著不管。高一的暑假，強烈颱風過境，沒有水果生意可以做，便跟著鄰人去礁溪當建築工。那時礁溪正在開發溫泉旅館，當建築工的機會很多，而且工資比作買賣穩定，所以我選擇這份工作。

一九六〇年初期，建築業還沒有預拌混泥土的灌漿施工方法，所以需要大量建築工挑沙石和扛水泥包，輕鬆一點的是隨著打模板的師傅綁鋼筋。我的工作大部分都是挑扛建築材料的粗重工作，所以非常辛苦。尤其是在夏天的烈日下，身上遮蔽物只有一頂斗笠、一套汗衫短褲、一雙草鞋，幾乎全身曝露在陽光下，曬得黑黑的。但再怎麼苦，我還是忍著做下去。因為一天的工資台幣五十元，在當時是很吸引我的。

這份工作過度粗重，我開始注意到排出來的尿越來越紅，而且帶有灼熱感。我強忍著又做了幾天，學校開學了，才把工作辭掉。那個暑假，我不只賺到學費，也貼補不少家用，有著豐收和完成任務的喜悅。可是，困擾的事情來了，排尿的問題沒有轉好。我沒告訴母親，卻自己試著吃了許多青草藥，都不見效。

我的好友同學知道我的病情，轉述他父親的祕方：「拿陳年土牆裡的蘆葦桿，熬煮成湯，吃幾次就會好。」他還把自家的牆壁讓我拆了個大洞，取些陳年蘆葦桿來用。

這時我像神農氏嚐百草一樣，試著煮這、試著煮那。母親看不下去了，急切追問怎麼回事，我才把過勞生病的事說了出來。我想，母親最心痛的是子女害病，尤其是因為過勞引起，讓她更是不安和不捨。幸好我又試著鄉下人草藥處方，漸漸就好了。

母親為了我疲勞過度的事沉痛地說：「勤奮工作是對的，但為了多一點收入，做體力負荷不了的事是錯的。你還沒有成年，以後請為媽媽照顧你的身體。」她在說話時，眼睛含著淚水。她接著說：「孩子！要記得媽媽的話：有多大肩膀才挑多大擔子。人要了解自己和現實，努力去工作，但要恰到好處，不能過勞。我們要苦中作樂，不是苦中生苦。」這番話在我日後的生涯實現中，深有體會。

隨著年歲的增加，自己也當過父親和祖父的角色，我總覺得母親語重心長的話是人生的真理。她的母愛行持更化作我的生活智慧。

十九、有佛法就有辦法

透過佛教的信仰，我們的心不會被無明煩惱所障礙，從而展現清醒覺察的智慧，去看清真相，解決問題。

宗教信仰是心靈生活的一部分；它孕育了人生觀和生命的意義，給人帶來安全感、喜樂和希望。宗教信仰令人體會到貼切溫馨的感動，發展成宗教情操，在生活中感受出吉祥、美好和受到護佑。

我幸運地在童年就接受佛法的教化。母親雖然不識字，但她信仰堅定，每個月都會帶著我步行到宜蘭市的雷音寺禮佛。我們一起聞思修，她默默地奉行，我也隨之行持。在信仰的深心和虔誠上，我功夫不如她，但在讀經解義和禪修煉心這方面，我隨著年齡漸長而有些心得。我們會在閒聊時，交換信仰的心得和知識。

母親的信仰則重在極樂淨土的修持。她主修三福，相信努力行善，將來必定往生極樂淨土。在她的心靈世界裡，隨時都繫念阿彌陀佛。有一次，我為她念誦《佛說觀無量壽經》：

「欲生彼國者當修三福。一者孝養父母，奉事師長，慈心不殺，修十善業；二者受持三歸，具足眾戒，不犯威儀；三者發菩提心，深信因果，讀誦大乘，勸進行者。如是三事名為淨業。」我為她解釋之後，母子成佛門同修，信仰上愈加堅定。

由於信仰的力量，我更加勤奮負責，家裡大小事情心甘情願的承擔。信仰令我從念高中開始，發展出孝順堅毅和行善的菩提心。在宗教情操上，感受有佛菩薩可以依恃，有護法龍天在護佑自己。於是，我心安定不再害怕。

從高一開始，父親常在外工作，他的義警任務大部分是我代理履行的。尤其是冬防期間，深夜輪班執勤，每個義警都有各自的巡邏路線，要到巡邏箱簽字，再回來派出所報到，才算完成任務。我分配到的路線，不是通過墳場，就是要涉水越過溪流。眼前面對的正是傳說鬧鬼的地方，我害怕得額頭直冒汗。雖然，我沒有看到傳說中的鬼，但卻更加畏怯下一次的任務。母親說：「我們學佛的人，勤修淨業實踐三福，鬼怪看到你也尊敬你，不侵犯你，所以不要害怕。以後，你在執勤時，記得念佛，相信三寶的力量，那些怪事就會遠離。」她為了加強我的信心，還補上一句：「這是師父說的喲！」

下一次的執勤，我真的念起佛來，接著又念觀世音菩薩，心裡安定地騎著腳踏車執勤。就在這時候，我看到道路右前方，有個人影像是在向我招手，害怕驚恐讓我念起觀世音菩薩的名號，剎時我好像安定許多，繼續往前行，想把它看個究竟，反正我有觀世音菩薩在身邊。結果定睛一看，那個影子是一株香焦，葉子隨風搖盪，好像在對我招手。次日，我告訴母親這個故事。她笑著說：「師父說心中有佛，看到的都是佛；心中有鬼，看到的都是鬼。好在你心中有佛菩薩，所以才看清那是美麗的香蕉樹，如果當時心中只有害怕，斬釘截鐵硬說它是鬼，昨天晚上你就真的見鬼了。」說罷母子兩人會心的哈哈大笑。信心更加堅定，不再害怕。

後來，我在執勤中見過一次磷火，它是偏藍色的火球，離地約一公尺左右，跟隨我的腳踏車，在右後方飄著緊追不捨。我虔誠的念著觀世音菩薩，又不時瞄它一眼，雖有點緊張，但因為有佛菩薩的加持的信心，並不覺得慌亂。不一會兒，腳踏車順著馬路轉了九十度彎，它就停在那兒，沒有再跟過來。

我透過信仰的力量，克服了種種恐懼，變得冷靜有覺性，能把事情看得更清楚，做起事來，也更加篤定，不會荒腔走板，造成錯誤。星雲大師說：「有佛法就有辦法。」我很能了解這句話的涵義，透過佛教的信仰，我們的心不會被無明煩惱所障礙，從而展現清醒覺察的智慧，去看清真相，解決問題。

懼怕可能是人類心靈世界中，最大的敵人之一。你只要懼怕，就不敢面對它，看清楚它，設法解決它。最後，只會逃避和找藉口，緊跟著而來的就是覺性和知性的退化和麻痹。多年來，我研究心理諮商與輔導，深知懼怕不只是一切焦慮的根源，同時也是綁架自己、失去心靈自由的最大禍首之一。幸好，母親懂得帶我信佛學佛，克服懼怕，讓我能精進主動的向前跨出去。她常說的銘言是：「了解清楚之後，就要勇敢的嘗試！路是人走出來的。」每當我焦灼不安時，她會在一旁勉勵我：「別擔憂！你只管好好努力，佛菩薩會加持你！」

我的一生之中，除了年輕時接受種種考驗磨鍊外，在工作生涯之中，同樣面對許多紛繁和困難，我總是用信仰的力量，克服懼怕，找到智慧的陽光，完成該做的事。

二十、坐禪可以養心

母親看到我禪坐順利，有時也向我討教坐禪的要領：「專注地聽著呼吸，觀照著吸氣進來，吐氣出去，就在呼吸之間，不起雜念，就能入於禪定三昧。」

從我念高中開始，生活上接觸的層面越來越廣，對佛教修持的興趣，也漸漸濃厚。再加上我的自由活動空間很大，只要自己願意，就可以到佛寺看看，接觸宗教上的活動。從高一的上學期開始，我聽從星雲大師的教導，學會坐禪要領，每天禪坐二十分鐘。

剛一開始，我把坐禪看得很神祕，以為可以靈魂出竅，可以羽化登仙。所以，我也跟著朋友長輩一起學習打坐。我掌握了要領，也閱讀一點禪坐

須知，就試著每天打坐。母親看我每天打坐，次日一大早又要送貨作買賣，勸我還是早些睡覺，注意身體健康。我卻認為打坐一定有其功能，請她放心，讓我實行一段時間。一個月以後，我對母親說：

「坐禪真有其功效，它讓我睡得更好，早上起來身心活絡，有神清氣爽之感，請不必為我擔心。」

「我觀察你的氣色和身體狀況，看起來還不錯。」母親放心地讓我打坐，不再催促我早些就寢。不過，她還是有另一層顧慮。

「聽說坐禪會靈魂出竅，會走火入魔，你可要小心謹慎喔！」她一定聯想到我小時候，作白日夢到蓮鄉神遊的事，所以特別叮嚀，只坐二十分鐘就好，而且要遵照師父的教導進行才可以。

我答應了她，這一坐就是幾十年，成為我作息的

一部分。禪坐對我的幫助殊多。後來我研究心理學，閱讀了許多研究禪坐的文獻，發現它能紓解緊張，降低焦慮，增進注意和記憶，乃至促進自我實現，提高同理心等等。這些與我的實際體驗不謀而合。不過，我當初不是為了這些目的而禪坐，只是為了修持的宗教目的而禪坐。

我的高中生活半工半讀，為生活和學業奔波，作息緊湊、工作吃重，但還能平穩的維持下去，是拜坐禪的恩賜。我能睡得好、起得早，有精神上學，維持低空掠過的成績，真是奇蹟。但我明白，每天二十分鐘的坐禪，確能增進專注、記憶和理解力。上課所聽的內容，能夠記得的比率相當高。每天只要把功課重點複習一下，考試時溫習起來，並不那麼艱難。

母親看到我禪坐順利，有時也反過來向我討教坐禪的要領，我告訴她方法要領，並指出心念不亂的要領是：「專注地聽著呼吸，觀照著吸氣進來，吐氣出去，就在呼吸之間，不起雜念，就能入於禪定三昧。」她聽了之後又問：「如果我一句一句念阿彌陀佛，沒有雜念，是否也是禪定呢？」我去請教師父後，轉述：「師父說那也是禪定的一種，叫念佛三昧。」母親在念佛上，能持續長久，能克服生活上的種種紛繁和壓力，就是靠著禪定的力量。

坐禪還有意想不到的趣談。我常常有機會到深山去打工，做些成人幹的粗活，諸如墾地、種植、收成等等勞力工作。為了節省往返路途的時間，晚上就住在深山的工寮裡。跟大家一起生活和工作，我覺得自己的第六感特別好。如果工作的附近，有野獸接近，我總是第一個覺察。有時甚至預感地告訴大家：這附近有野豬，或者好像有毒蛇等訊息。這些預感大部分會應驗。有一次，在傍晚時分，我一進入工寮，就覺得黑暗的床下，似乎有個不祥的預感。我拿著手電筒照一照，果真躺著一條超大龜殼花。我們合力把牠驅趕到遠處，免除可能的危險。

又有一次，我獨自一個人走在深山小徑，要到耕作的農場。在半山腰的林蔭處，我突然覺得毛骨悚然。我停了下來看看四周，並沒有什麼異樣，於是繼續前行。我們上山工作的人都知道：在小山徑上，如果與野豬、台灣黑熊狹路相遇，牠就會野性大發，兇猛地攻擊人。所以我起了警覺，一邊敲打肩上的扁擔，一邊唱起歌謠。傳送訊息給野獸，告訴牠這裡有人。牠們就會從容地避開，免得太靠近起衝突。我才走不到一百公尺，就看到一隻避開我的大野豬，緩緩地離我而去。

又有一次，我和兄長們在山上工作，夜宿工寮。我習慣在睡覺之前禪坐二十分鐘，禪坐即將結束時，我聽到一聲從地下深處傳來的地聲，它很低沉，一般的人不容易聽得到，我卻聽到了。我告訴兄長們說：「我聽到地聲，這幾天又連續下大雨，有崩山或走山的危險。」我的長輩卻責備我胡說，把我訓了一頓。但過了一會兒，他還是不放心地帶著大家離開工寮，到親戚的工寮借住過夜。第二天，我們回到工地時，大家看得目瞪口呆，我們墾植的附近，發生大山崩，工寮差一點就崩落山谷。

坐禪帶給我安定的心，提升覺察的效能，也增進了心智功能和心理健康，坐禪並不神祕，只要你用平常心，作正確的修持，它會帶來許多妙用。

二十一、要尊敬父親

「他是你的父親，無論如何要尊敬他。耐心的做給他看，說給他聽。他的愛心，會令他振作，做個好爸爸。」

高中時，我半工半讀，一邊做小批發一邊就學，經驗和見聞增加，知識也更加豐富。對於父親賭博和放蕩的行為，我越來越看不過去，免不了會規勸父親，甚至義正詞嚴地指正錯誤。這時，他會老羞成怒，把我罵一頓，而我總是忍著，避免和他正面頂撞。我知道頂撞會產生嚴重後果。不過，看在我會工作賺錢，他回應時也有所節制。最值得安慰的是，他終於戒掉賭博。

不過，父親放蕩不羈、出去就忘了回來、在外飲酒作樂等作為仍經常出現。偶爾，我還是忍不住做出諫正。遇上父親心情好的時候他就一笑置之，若遇上他喝得醉酒時，又會責備喝罵我。為了他好，為了家裡的幸福，即使受到怒罵指責，我也總是想著《論語》裡的這段話：「事父母幾諫，見志不從，又敬不違，勞而不怨。」勉力去維持家裡的和諧。

母親知道我想改變父親的壞習慣，而且漸漸產生效果。有一次，父親又把我罵得很難聽，甚至說我不孝、沒有分寸等等。我閉著嘴，走到廚房暗暗落淚。母親走了過來，輕聲在我耳朵旁說：「你老爸老羞成怒，只要你不回話就好。我相信他已聽進你的話了。去讀書吧！不要浪費時間在難過上。」她默默地去做家事，我很快收心，好好讀書。爸爸則坐在客廳裡抽菸，似乎正在反省自己的行為。

當天的夜裡，父親已上床就寢，母親把弟妹們招呼好，統統都入睡了。母親安靜地坐在我身邊，為我受的委屈說了安慰和鼓勵的話。她告訴我：「你老爸最近對我說：『孩子長大了，父親不守分，連孩子都看不下去。』他有反省，他會改變的。你為了他好、為了家人的幸福受許多苦，我很了解。」她停了停，然後很婉轉地提醒我說：「你不要被父親的壞脾氣嚇到，但也絕不跟他一樣說氣話頂撞，在你這個年齡裡，能如此穩健，真是難得。記得！他是你的父親，無論如何要尊敬他。但是他的壞習氣，千萬不要沾染。」

我謝過她的安慰和提醒，肯定地回答：「媽媽！我一定會自愛自制。」

第二天的上午，父親穿好了外出的衣服，沉默地坐在客廳。他對母親說，眼前不是水果生產季節，沒有生意可以做，他想到金瓜石當礦工。我聽到他想當礦工，實在不忍。自己做過的建築工是那麼的累，更何況他體力勞動狀況並沒有比我好多少。我即刻表示異議：

「爸，我知道你想賺多些錢養家和還債。但那是很粗重的工作，我曾經去那裡賣過水果，順便遛達了一下，那不是你體力所能負擔的，何況！那兒危險多，又容易得矽肺的疾病，請你不要去那兒工作。」

「你怎麼意見那麼多！你懂什麼嘛！」

「去工作是好事，我只是為了你的健康著想而已。」

「你既然那麼懂。好！你告訴我現在該去哪裡工作。」

「再想想看嘛！我是擔心你體力不支倒下來，顧慮你不諳礦工的生活和工作，到時發生危險啊！」

我們激烈的對話突然停止下來，屋裡屋外剎時變得非常寂靜，我默默地走開。他還坐在那兒點燃一根香菸，陷入他的重新思考。到了中午時分，家裡大大小小一起圍著餐桌吃午餐，他邊吃飯邊對全家人說：「我不去當礦工了，我打算明天就到台北中央市場當水果販，從水果行批購水果，再賣給需要量小的攤商。明天，我就出發，找朋友幫忙。」

我肯定他說：「這是實際可行的生意，每天你都可穩穩地賺到一些錢，如果你做得好的話，也許我也可以送貨給你賣。」他開始有了笑容說：「自從南澳虧大錢以來，我們的擔子就很重，希望這次會平順賺錢。人家說『牛走失了，要到牛群中找回來』，現在我就要到台北賺回來過去的虧損。」

那一天中午，是我們父子談話最和諧的一次。吃完了午飯，還泡了一杯茶喝，開始打點行李，他騎著腳踏車到宜蘭市借電話，聯絡他的朋友。他終於踏上穩健的一步，我也看到父親有著讓人尊敬和佩服的新典範。

這嶄新的一步，給家裡帶來希望和歡喜。他工作穩定下來，再加上我工讀的貼補，我們不但生活無虞，還有錢還債，弟妹們也就能按部就班地讀書成長。他自己也越來越懂得守分有節制。舅舅看到父親的改變，很開心地祝賀我們，並問我：「你是怎麼開導他的？」

「這是母親的處方。她說要尊敬他是爸爸，耐心的做給他看，說給他聽。他的愛心，會令他振作，做個好爸爸。」

二十二、愛就是勇於承擔

「有擔當的人才會創造幸福，不會覺得人生虛度。及時去做該做的事，心甘情願接受責任，會從中得到好的回報。」

父親到台北工作之後，我們各自打拚，母親操持家務兼作副業，合力還債，維持家庭正常生活。父親不在家，生活平靜了許多，讀書和工作安排得井然有序。光是平靜就令人感到頭腦清新，充滿著活力和希望。

父親生意越來越進入狀況，心情也好了許多。在台北的朋友也很稱羨，說他有一個能做生意又會讀書的孩子。他的自尊變得健康，自信心變強，行事也穩重許多。我們之間有更多親切的互動，最大的改變是他不再賭博，只在工作之餘玩玩橋牌或下棋，很少醉酒鬧事。我知道台北的環境，給了他些許正向的人生態度。

有一回，父親回家度假幾天，那時我剛放暑假，忙著上山種番薯，好讓家裡冬季時有番薯吃，他主動陪我上山，幫忙耕作種植。晌午時分，烈日當頭曬得人滿頭大汗，口渴難耐。他到不遠處山澗飲水，回來時用姑婆芋的葉子裹了一包清泉，捧在手裡說：「孩子，你一定渴了，我為你帶水來。為了避免把螞蝗吃下肚，你得抬頭張開嘴巴，我慢慢把水倒進你的嘴裡。」我依他的建議，仰頭張開嘴，大口大口的喝掉那包清涼無比的水。霎時，我感到身心清爽，領受到無法言傳的父愛。我感動得眼眶含淚，對父親說：「爸，這幾口清淨泉水，真是直滲心頭，洗淨了一切辛勞，帶來身心舒暢！」

「水雖然沒什麼，但卻是生命的根源。剛剛的泉水比什麼都清涼爽口對不對？」

我用滿足和同理的笑容，篤定的回覆他。然後，我們一起坐在樹蔭下，邊聊邊吃便當。這時的山巒像造物主的臂膀，擁抱著我和父親，溪水在山谷中鳴奏著交響聖樂，樹蔭下的涼風和父親餵飲的清泉，更令我得到清涼和安慰。這就是愛，是洗滌塵勞、喚起清醒意志、活出愛心的山野饗宴，我永遠都記得這一刻的美好。

父親當天晚上，又啟程上台北工作。我和母親在茶餘飯後，聊起這段令人感動的父子情。她也很感動的說：「你爸爸好像脫下他過去破舊不堪的衣服，穿上一身清潔乾淨的新衣。他變得有責任感，會愛護家裡大小，我們要感恩佛菩薩的加持。」

接著，她跟我分享了一段往事說：父親年輕時，輕狂不負責任，不是在外花天酒地，就是在賭場鬼混。她曾想過一走了之，慎重地把心事告訴外婆。外婆很嚴肅地說：

「人要有愛心有擔當，才不會白白來世上走一趟。妳已生下石岩，才一歲多，就拋下他，讓他做個沒娘可以依靠的孩子，妳捨得嗎？又何況妳大伯的小孩，年紀只有四歲，他無父無母，就靠妳來撫養照顧，妳把兩個年幼無辜的孩子丟給妳婆婆，她撐得下去嗎？能帶大他們嗎？妳要聽我說，一定要忍心耐苦，活得有情操，一定要振作起來，把孩子帶起來。這是妳的人生責任，有責任才不會後悔，有擔當的人才會創造幸福，不會覺得人生虛度。」

母親聽完外婆的話，得到全新的價值信念。她下定決心待在這個困難重重的家，為的是把孩子帶大，做個有教養的人。

「我在你外婆的面前，擦乾了眼淚，遵行她對我的期許，努力去做一位任勞任怨的家庭主婦，為了孝養公婆盡心，為孩子的成長盡力，為大家庭的三餐付出努力。」她停了停又對我說：「這些年來佛菩薩真的保佑了我們。祂把我從重病中救了回來，有你當孩子的火車頭作好榜樣，現在你父親有了明顯的悔改。將來我們會過得更開心更有希望。」她接著勉勵我說：「你也要跟我一樣，不要怕苦，不要打退堂鼓。及時去做該做的事，心甘情願接受責任，會從中得到好的回報。你的努力和堅持，不但喚醒了父親的心，也必然會開啟你的美好前途。」

我接受母親的期許，也欣然允諾會繼續努力下去。我每天勤奮地工作和求知，在信仰上更相信「種好因得好果」的真諦。在這段時日裡，我覺得有苦盡甘來的欣慰，也體會到「山窮水盡疑無路，柳暗花明又一村」的義涵。

不過我也很清楚，如果沒有努力的付出，是不會有柳暗花明的日子。所以，我回覆母親說：「佛陀告訴我們，苦是聖諦。願意受苦和承擔責任的人，才會心智成長，離苦得樂。我會像妳一樣，不怕苦，又有愛心照顧這個家。」

我的愛心，就是在這些動人的經歷中，慢慢迴響，開展出來，並成為終身信奉的真理。

二十三、和氣生財

「對人要禮貌親切，懂得主動打招呼，生意自然就會好。遇到顧客批評產品時，要先同理對方，然後婉轉說出產品的優點，交易就容易達成。」

和氣可以降低彼此的敵意，建立溝通的平台，促進人際互動的和諧，它是一種珍貴的情緒智慧。和氣的人容易結緣，帶來好的人際支持，形成生活和工作的助力。更值得重視的是透過和氣互動，很容易帶動意見和觀念的交流，達成新的共識，創造美好的新機。

我很慶幸母親及早教我和氣待人。她在我開始跨出去做水果販時就叮嚀我：「出門做生意，要懂得和氣生財。對人要禮貌親切，懂得主動打招呼，生意自然就會好。遇到顧客批評產品時，要先同理對方，然後婉轉說出產品的優點，交易就容易達成。」我用母親所說的和氣招攬生意，無論是進貨或出售，都無往不利。

我曾驚訝地問母親：「妳沒做過生意，怎麼會懂得這麼多？」她笑著說多看多聽多體會，自然能領會個中道理。

父親到台北作水果生意以後，我常利用假日幫他售貨，母親總是在我出門上台北時，親切的囑咐：要懂得和氣生財，對父親更要和氣，生意才做得好。叮嚀歸叮嚀，在還沒有把和氣生財徹底養成習慣前，還是會有出錯的時候。

有一次，我在市場賣貨，當天的市潮很差，買家少，進貨又特別多，到了上午八時許，還有一大堆的水果賣不出去。零星稀少的水果販上門，令人招呼起來很不熱絡。這時進來一位顧客，他左挑右選，把一簍一簍的蓮霧猛力打開來檢視。蓮霧最怕碰撞，我好意勸他輕柔些，避免一整簍翻轉過來看，否則水果就擠壓壞了。他很不友善地瞪著我說：「你真是狗屎！

看貨有什麼不對！」我義正詞嚴回他：「你當然可以看，但不能弄壞我的水果。你知道水果的表皮，就像小姐的臉那麼珍貴，你要細心維護它的完好才是。」我話才說完，他更粗魯地又翻轉了另一簍。我看不下去了，板起面孔，提高嗓子，下了逐客令道：「你給我出去！我不願意賣給你。」

他看到我這麼生氣，語氣那麼堅決，默然沒說什麼就走了。那一天我滯留了許多貨沒有賣出去，因為許多水果販看到火爆的一幕，都裹足不敢進來看貨。

過一會兒，父親回來了，我說出爭吵的原委。他沒說什麼，就出去把那位水果販找回來，賠了不是，打折賣給他一批水果。水果的生意如常照做，中午時分，兩個人有了空閒，他平心靜氣的告訴我：「我們來做生意，不要因為看不慣顧客的作為，就憤而下逐客令。為了避免他碰傷水果，你可以接手過來，親自翻給他看，有耐心地招呼他，生意才做得成。」我欣然接受父親的指導。

這活生生的一幕，正是母親教我「和氣生財」的實際體驗。幫完父親的忙，當天晚上回到家裡，有感而發把事情經過說給母親聽，母親聽得很入神，問了個中細節。當她聽到父親出去找回水果販，又把水果打折賣給他時，母親感動的說：「薑還是老的辣！」母子笑得開心。

高中畢業後，我來台北做水果批發。俗語說：「賣貨是徒弟，收帳才是師父。」我漸漸體會到收帳不是容易的事。客戶的性格五花八門，有的耍賴、有的拖延、有的要打折扣、有的鬧脾氣。當然，絕大部分的人，還是正正當當地守信付款。有一次，我到一家客戶去收帳，和和氣氣地登門，有說有笑地打了招呼，說明自己的來意。沒想到客戶突然變臉，很生氣地從抽屜裡拿出一把扁鑽，猛力插在桌子上，咆哮地罵出三字經，並吼道：「你來找碴的是不是！」

頓時氣氛變得緊張，我不知所措，就在這一剎那之間，我腦子閃過了母親的那句老話「和氣生財」。我決定用和氣輕鬆的方式來應對這個尷尬場面。我和氣地說：「老兄！我們都是『賺吃人』（做點小生意過活的人），又是外地來的人，金錢難免不方便。請不要生氣！今天不能付帳沒關係，改天你有了錢，再聯繫我來收款好了。請別生氣！」他輕聲地又罵了三字經。頓了頓問我：「你也是外地人？你家鄉在哪裡？」我說：「宜蘭！我的朋友都叫我是鄉下人。你呢？」「我是南部的鄉下人。」

我們都來自鄉下，即刻有了親切感。他回頭叫小弟泡茶，我也誠懇地陪他聊聊，氣氛很快就好了起來。隨即我就告辭，表明「我還要到別家收帳，因為明天上午要匯款，不及時匯款信用不好，就會斷貨，沒生意做。」他送我到門口，我好像受了一場震撼教育一樣離開那兒。次日，上午九時許，他提著貨款到市場來付款。他說：「我知道你要匯款，特地周轉付你貨款。如你所說，我們都是出外討生活的人，金錢三不便。」我高興地收下貨款回道：「你真是有情有義！」他笑了笑走開了。

後來母親知道這件事情，很欣慰地說：「你已學會和氣生財的實務，而不是停留在知解的觀念，這樣真好。」多年來，我不只體驗到和氣能生財，更進一步領會它能孕育智慧和創意，締造幸福的家庭和成功的人生。

二十四、一本初衷好努力

「凡事要『定對』才好：
定是冷靜和安定，對是想得對做得對。
定對的人思考清醒，行動正確踏實，心情永遠清朗。」

要活出美好的人生，必須累積知識和經驗，邊走邊學地開啟心智，才能有效地回應環境的挑戰。人只要堅持正向的生活態度，努力學習解決問題的能力，朝著既定的方向努力耕耘，總會有意想不到的豐收。

我年少時，母親就常用台語提醒我「凡事要定對才好」。台語的「定對」是指朝著正確的路，一本初衷努力不懈，終究能獲得豐收。定對一方面要安定自己的心，另一方面要想得對、做得對，堅持去完成既定的目標。

她總是在適當時機，三番五次提醒我：「要避免心浮氣躁，更不可猶豫不決；對自己該做的事，要以篤定踏實的心情，努力去實踐它。要定對才好！要定對才好！」我在青少年時期，開始了解家庭經濟生活的艱困，不免多愁善感，心情起伏，想到了該怎麼做的方法又猶豫不前。這時她會告訴我：「要定對才好！要定對才好！」

我碰到困難時，有時會畏怯不前，甚至想許多理由打退堂鼓。例如為了作買賣，無法準時上學，以致想放棄學業的消極想法襲上心頭。她聽了我的消極性傾訴之後，總是平靜地回應我：「真是辛苦你、難為你了！不過你還是要定對地面對它，不要放棄它！」

年少時我也會有放縱貪玩的時候，跟著鄉下的年少朋友起鬨逗著嬉戲。她也會自然和藹地提醒我：「逢場作戲是難免的，不過有些事情，要懂得自我約束，保持定對才好。」她會用很普通的話，表達業精於勤而荒於嬉，提醒我冶遊迫迌時，也要保持定對。尤其是堅持不接受同伴慫恿涉足風化場所時，不免受到冷嘲熱諷，那時更需要保持定對！

她會用鄉下人最簡單的口語，向我解釋定就是冷靜和安定，對就是想得對做得對。定對的人思考清醒，行動正確踏實，心情永遠清朗。她在我念高中時，對我提到：「我們學佛的人，一定要保持定對。能如此，佛菩薩一定會加持我們，從而開展智慧的視野和眼光，將來一定會回到極樂淨土的世界。」對母親的教誨，我一向信受奉行，鄰里長輩，也都稱讚我正向的生活態度。

高中畢業，我開始在台北做起生意來，跟父親配合搭檔，做得越來越順利，家庭經濟生活改善了，母親開始勸我邊工作邊自修考大學，她一直希望我能進大學讀書，這是我曾經允諾過的人生計畫。不過，工作有了成就感，收入比以前要多，讓我忽略進大學讀書的心願。母親一再勸我考大學，我卻理直氣壯的回答她：「念大學的用處，莫非畢業有個好出路；現在我有了現成的工作，幹嘛要去念大學呢？」

我的口才和辯論比媽媽要犀利，每一次談到這件事，總是我先聲奪人，她只好失望地沉默下來。有一次，她和我爭辯之後，很失望地對我說：「我實在很後悔，硬把你推出去賣水果作生意。當時的初衷是賺點錢來讀書和貼補家用，沒想到你現在賺到一點錢了，卻不想讀書，真是悔不當初。」

當時，母親難過的情景，我看得出來，到現在都忘不了。但我的心意已決，加上青年時期的自負，我沒有接受媽媽的勸說，我現在知道，子女不肯接受勸說時，父母一定是傷心不安的。她說不動我，便到佛寺祈願，希望我能一本初衷，順利上大學完成求學的心願。

由於工作上需要，有一段時間常跑中南部批購水果。有幾位南部鄉親，在閒聊時對我說：「年輕人，你長得很清秀，是讀書人的面相，為什麼不去讀書，而跑來做生意呢？你去讀書會更有前途哪！」

他們說得很真心很誠懇，當時我也很感動。後來，在新竹批貨時，亦碰到類似的建議。我開始回心轉意，認真的思考上大學念書。

母親對子女的愛，總是鍥而不捨的。我的母親對我的關心也是一樣，她會不著痕跡地談到求學的重要。有一天，在家裡和她閒聊，我欣然答應考大學，也告訴她許多人對我的鼓勵。於是，我又開始自修準備考試；有空就到補習班去了解考試趨勢。辛苦加上努力，我於五十四年考上政大教育系，這是我審慎考慮之後，所做的抉擇。我決心離開商場的喧囂，投入教育心理方面的學術研究。

我當然還是要半工半讀，找機會做點生意賺錢，擔任家教或學校的工讀生等等。母親看到我上了大學，好像鬆了一口氣，她告訴我說：「你能定對的上進求學，我真是安慰。現在你可能辛苦些，但一本初衷的努力，一定能帶來美好的人生。」我因為相信母親的話，踏上另一個生命的視野，現在想起來，有母親的教導真是幸運。

二十五、安忍可以致遠

「看遠一點，要有超越父親的眼光和胸襟。佛法中的『安忍』正是你現在最需要的法寶。」

每個人都必須面對自己的現實生活，心甘情願地承擔它，並負起責任，設法解決。這樣精神生活才會振作，才會健康。反之，遇到不如意便想逃脫，碰到挫折就找藉口規避，自我功能就越來越脆弱，甚至帶來心理症狀。

照顧孩子、呵護他成長，提供他學習和承擔的機會，是教導上正確之路。但如果愛護到無微不至，反而剝奪他多元學習的機會。母親常常提醒我：「辛苦是難免的，吃苦就像吃補，每吃過一次苦，都能令你成長強壯，更有本事掌控未來的命運。」她總是善用生活中的小事物，來比喻人生的

大道理，她說：「田園裡的果樹是一株株栽上去的，只要你肯幹就會豐收。倉房裡肥碩的番薯，是一擔擔從山上挑下來的，安忍著辛苦工作，就會有豐收的喜悅。人不但要不怕苦，還要找該做的事做。」

母親認為安忍一時之苦，是迎接新機和拓展新局的妙方。我開始念大一時，一種全新的希望，展現在我的眼前。我也很努力想要充實自己，下定決心苦讀一番。有一天的傍晚，我突然很想家，想跟母親分享我的心得。於是攔了夜車回宜蘭，夜裡步行六公里回到家裡，那時已經十一點鐘了，我踏進屋簷下之際，聽到父親正在責備母親，我及時停下腳步，站在門口聽聽他們為何爭吵。

父親一再的說：「孩子高中畢業已經很好了，為什麼要讓他念大學，少一個人做事，家裡就少了一份收入。家裡這麼多孩子，食指浩繁，怎麼撐得下去呢？大學一念就是四年，我們怎麼過日子。」母親平靜的語調安撫他說：「兒子能讀書就要讓他讀，我們撐得下去的。我知道他會去當家教，找工讀機會，寒暑假也會配合你一起做生意。辛苦一些，四年很快就

過去。將來他會有好前途，家裡也會有希望。」

我站在屋簷下，聽著他們的交談，一個是語帶抱怨，一個則低聲安撫。我站了半個小時，怕驚動他們的交談，不敢移動腳步。屋前暗夜的蓮霧樹下，似乎更令自己陷入漆黑的思緒。直到屋內恢復平靜，他們都入睡了，我還是不敢敲門入內。又過了半個小時，我才敲門入內，我裝得很自然，好像什麼事都沒聽到過。

次日，父親上台北工作，我還有一點時間跟母親閒聊，據實告訴她，在門外所聽到的一切。她不等我說完，就迫切地說：「你已上了大學，就要安心的讀書。父親抱怨的話要安忍下來。昨晚你能冷靜地在門口站一個小時，不當面爭執，就是安忍。你做得很對，以後要盡可能在寒暑假或重大節日過去幫他忙，父親就會寬心和安慰。要記住！佛法中的『安忍』正是你現在最需要的法寶。」

我本來想跟母親表明，為了不讓父親失望，可以放棄學業，回鍋從商。但聽到母親懇切的叮嚀，我只好忍了下來，並回覆她說：「我會遵照你的意思去做，也會打工、當家教、力求自立自強。俗語說：頭髮已經理下去了，就得弄得有模有樣。」她聽到我這麼說，欣慰的吸了一口氣，臉上

露出笑容說：「你能定對的處事，才會有好前途。看遠一點，不要被父親的幾句抱怨給擾亂，你不該跟他一般見識，要有超越父親的眼光和胸襟。」

母親的安慰和鼓勵，真像三月的春暉，照亮了我的心境，也給了我溫暖。每當回味往事時，總會想到這一幕溫馨的情境。

我大三的暑假，依法必須接受軍訓，整個暑假都在步兵學校接受嚴格步兵訓練。我沒有打工，更沒有幫父親作生意。結訓緊接著就是註冊開學，我回到家裡，正為籌措學費煩惱，母親知道我的心事，笑著對我說：「你父親已經為你準備好註冊費用了，他就是嘴巴不好，毫不遮攔地說話和批評，但心裡頭的愛心還是滿滿的，你能了解他、懂得安忍，就能保持親情和樂。」

聽完母親這番話，深感父母之愛的深厚。我一方面感激他們的養育、照顧和提攜，一方面慶幸母親的智慧，教我從安忍中看到父愛，體會到父義母慈的真諦。更重要的是安忍的妙方，漸漸成為我待人處世的法寶，從中受益之多，無法一一枚舉。

二十六、不唱衰人生

要懂得鼓勵自己，而不是自暴自棄唱衰自己。
要立志好好求學，將來做個有用的人；
不要懶惰散漫，誤入窮困無助的人生。

人要活得歡喜有活力，就得先有樂觀的態度。無論環境是好是壞、是順是逆，樂觀的人總能找到希望，走出正向的人生路，悲觀的人則被負面情緒包圍，他們自憐低泣，悲傷無助地待在原地，受痛苦的折磨。

就生活的態度而言，遇到困難時，願意自我鼓勵，力求振作，想辦法解決問題，是自立自強的人。反之，陷入悲愁和自憐，埋怨命歹，找藉口逃避現實，那就是唱衰自己的人。俗語說：「天作孽猶可活，自作孽不可活。」唱衰自己的人，就是典型的自作孽者。

不可唱衰自己，既是母親的庭訓，更是祖父耳提面命的生活規矩。記得童年時，和鄰居的孩子一起玩遊戲，輸的人往往不服輸，把失誤統統推給運氣，而沒有檢討失誤的真正原因。也許是為了維護顏面或脆弱的自尊吧！就大聲地喊著「今天真衰！運氣真衰！」

祖父一聽到我們喊衰，就會走到我們面前說：「不可以唱衰自己，常常講自己衰，想著自己衰，運氣就會更衰！」

我不相信他的說法。有一次，當我大嘆「今天真衰」時，他嚴肅地指正我：「告訴你不說衰、不想衰，你又犯了。如果再犯，阿公就要罰你！」我很不以為然地跑到遠遠的果園裡，很大聲地喊著「我真衰！非常的衰」，而且重複的喊著。我心想，大聲喊衰幾次，試著看看是否真的會帶來衰運。

當天晚上，母親在煤油燈搖曳的光影中，溫柔地告訴我，不要跟阿公唱反調。「可是我實驗的結果，並沒有帶來衰呀！」「阿公是對的。唱衰自己的人，會越來越衰！」

「傻孩子！是你自己認為衰，常常滯留在衰的消極想法裡，才會陷入無助，造成士氣低落，從而變得更衰！我問你，當你在大喊時有沒有認為自己很衰？」

「沒有！我只是要試給阿公看。」

「這就對了，你心中沒有衰，怎麼喊都不會唱衰。但常常看衰自己，或者大家一起看衰一件事情，那麼消極想法、悲觀的預期和行動，就會越來越多，就會真的陷入衰運之中。阿公所說的不要唱衰自己，就是這個道理。」

母親很技巧的對我解釋：「你要了解祖父的話，要懂得鼓勵自己，而不是自暴自棄唱衰自己。要立志好好求學，將來做個有用的人；不要懶惰散漫，誤入窮困無助的人生。」我點頭表示了解。

心理學的研究指出，人在碰到挫折和打擊的時候，如果他的心裡想著是我真倒楣，那就會失去鬥志。從而有著沮喪和絕望的心情。繼之而來的是放棄努力，失去了堅毅的意志。這是唱衰自己的心路歷程。反之，把挫折和困難看成挑戰，抱著希望去解決問題，就會帶來有把握的心情，從而帶動自己的創意，獲得問題的解決。這個心路歷程就是自我鼓勵，並產生堅毅的心力。成功的人會鼓勵自己，失敗的人總是唱衰自己。

我的母親似乎很明白這個道理。她在我念高中時，徹底改變了我唱衰自己的消極思想。有一段時間，我的水果生意做得很不順利，主要是遇到強勁的對手，他用高價的方式奪走了我的貨源。於是生意慘澹，進貨量銳減，我陷入困境，絕望到想放棄生意。我既抱怨又憤怒，覺得這些人很惡劣，而自己卻偏偏遇到他們，更是自嘆倒楣。

母親聽過我的抱怨之後，不急不徐的說：「孩子！生意本來就在競爭中進行。你在初入做這些果農的生意時，一樣擠掉原先的經營者。現在有人用新的方法奪走了你的貨源，你就不該抱怨和憎恨，商場本來就是如此。你不該抱怨自己倒楣，從而唱衰自己。正確的態度是，想辦法解決問題。不要把自己沒有設法解決的難題，解釋為自己命運不好或倒楣，否則你真的會命運不好，真的會倒楣。」

母親一向很善解人意，懂得聽人講話。所以在用過晚餐之後，客廳裡總有不少鄰居來聊天。這一天，母親把我的遭遇和心情，隨緣說著和大家分享。沒想到竟然引發了一次腦力激盪。經過充分交談之後，一致認為我可以到崩山湖一帶批貨。他們替我引介，在那兒認識許多果農，我的業績不減反增。我開拓了新的市場，營業額度比以前更多。有一天，母親提示我說：

「你童年的時候，祖父教你不要唱衰自己的事，你現在還記得嗎？」

「記得。」

「這一次新貨源的拓展，正是祖父教給你的智慧。」

我沉默了許久，腦子裡浮現著當年向祖父硬拗的情景，臉龐上卻浮現著成功的滿足。此時，母子兩個人的臉頰，泛著知音的微笑，相互地點頭示意，一切盡在不言中。

二十七、責任不容打折

「借債就是要還，這是責任也是良心，打折就等於沒有還清，人一旦陷入餘業未了，又怎麼創造美好的人生呢？千萬不要在擔當和責任心上打折扣。」

打從童年開始，我就幫著母親做家事，我是她的得力助手，也是家裡長輩使喚跑腿的孩童。由於我肯負責任，大人也很願意帶著我做事，甚至參加廟會和婚喪喜慶。負起責任，讓我學到許多生活本事，也讓我感受到自己是能幹的。母親常常溫柔地告訴我，你肯負責，願意做事，就會能幹有本事。

她說：「人不可以逃避該負的責任，逃避就等於留下問題沒有解決，逃避責任一旦成習，就會被生活的難題困住，變成有困難而走不出路子來的人。像你願意幫忙做事，勇於負責，將來學會的本事就更多，自己也會覺得有信心、有勇氣。」聽母親這麼讚美，我當然很高興。不過，我還是有所抱怨。

「我聽妳的話，勤奮地做事，結果長輩們都喜歡差遣我，要我做這做那，又累又不能玩。」

「孩子！忍耐點。辛苦的人有福報，你將來會很能幹，能做許多事。此外，你可以把工作當做好玩的事來看，也可以在工作中交談而覺得開心。」

「我知道妳的意思，但我沒有時間跟朋友們一起玩。」

「你有空時可以主動找他們玩。其實你可以玩的時間還蠻多的。你要好好應用時間，先工作再去玩，先讀書再享樂。先苦後樂，玩的時間也不少呀！」

我念高中時，父親找到替食品工廠醃製黃蘿蔔的代工。母親和我也可以就近幫忙。加上醃製的方法和浸泡的材料都由廠方提供，看起來這個工作是不錯的，於是投資購買設備和器具。一切設施即將完成時，母親知道配方裡有防腐劑、人工色素等等。她向有識者求證，告以產品對身體健康有害。於是堅決叫停，要父親放棄這批生意。她義正詞嚴地對父親說：

「我們要代工生產的黃蘿蔔如果不是安全衛生的，就不應該做。做人要有責任感，人在做天在看。雖然已購進一些設備，我們可以打折退還。」

「這樣平白損失不少錢，我很不捨。」

「負責是我們的本分。凡事要對得起良心；上天在看，我們的孩子也在看！」

於是，這筆生意還沒有開工就結束了。父親也正因為這次挫折，不得不另謀他圖，更加努力振作，賭博的習慣也改掉了。這一次停工的損失，加上原來家裡就有不少負債，經濟生活上更是雪上加霜。債權人屢次來家裡討債的難堪和尷尬，現在回想起來，仍是不堪回首。同一年的秋冬，父親跟兩位好友，一起承包許多水果販售，賺了不少錢。沒想到結帳的那一天，債主聞風而至。結算之後父親的盈利，全部都被債主提走，真是俗語所說的「賺到歡喜而已」。家裡還是生活困難。

父親的朋友，不忍看到我們的窘境，便出面和債權人協議：第一，留一點錢給家裡買食物；第二，剩下來的債務打個折扣還，好減輕債務的負擔。

母親很感謝這些協議，留下少許生活費用給我們。不過，她很莊重的對債權人說：「債務打折扣的好意我心領，我們該還多少，就會還多少，只要在時間上給我們一點寬限，一定會如數還你們。」大家聽了母親的話，都承諾不再來討債，同意等到我們賺到錢再拿去還他們。母親的責任心和擔當令我敬佩。

造化就是那麼令人驚奇，父親到台北工作以後，家中的經濟生活開始改善，我半工半讀作批發，也從小批發變成大批發，賺的錢也比以前多。我不明白是困境激發人的鬥志，或是好心真的有好報。就在我高三畢業之前，這些龐大債務，全部還清。事後，我問母親，當時為何不接受打折還債。她說：「借債就是要還，這是責任也是良心，打折就等於沒有還清，

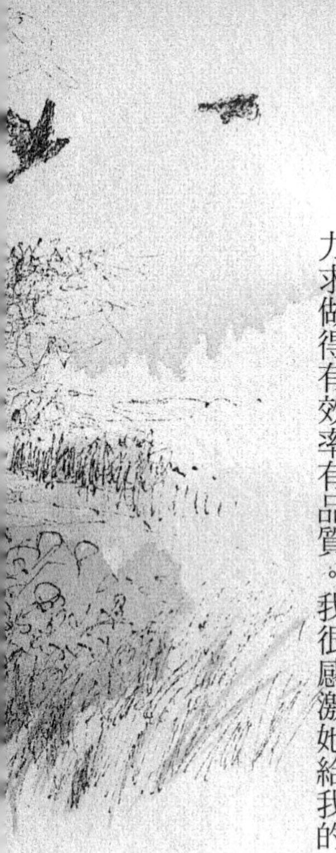

人一旦陷入餘業未了，又怎麼創造美好的人生呢？我希望你記得這次教訓，千萬不要在擔當和責任心上打折扣。」母親的教誨我謹記在心。

又有一次，父親和我包下好多桶柑。當時桶柑是出口的好水果，只要送到青果合作社，經過檢驗合格，就有很好的價格。檢驗的過程相當嚴格，除了規定顆粒大小，要求果皮鮮紅，不許有黑塵之外。更交待不可以用水擦洗，以免在運輸過程中腐爛。不過，許多農民還是偷偷的擦洗，以求桶柑色澤美好，賣得好價錢。鄰居們勸母親也洗滌水果，以提高合格率，多賺些錢。但母親始終不肯這麼做。

「這些桶柑送到國外市場時，如果腐爛比率很高，將來誰敢向台灣訂貨呢？這是責任和良心問題，我們不能這樣做，還要勸告大家不要這麼做。」

我從母親的身教中，學到負責任的生活態度，在工作上更是勇於承擔，力求做得有效率有品質。我很感激她給我的這些教導，讓我受益無窮。

二十八、永遠有目標

「人一天沒有目標，就會茫然不振作或不正經。一輩子沒有目標，就會荒唐過一生。」

人要活得有目標，才不會覺得空虛。有目標的人精神振作，沒有目標就變得萎靡。心懷正確的目標，會覺得日子過得充實有意義。心懷錯誤的目標，會使一個人走向邪路，誤入歧途。

母親總是說：「人一天沒有目標，就會茫然不振作或不正經。一輩子沒有目標，就會荒唐過一生。」她常常告誡我，要有長遠的打算，要有可行的目標。沒有目標，即使是聽話的孩子，還是會困在鄉下，永遠走不出去。她常警惕我，沒有目標很容易變成行屍走肉，或者被愛玩的朋友牽著鼻子走。尤其是高中畢業後，在台北做生意，交往的人複雜，母親很擔心我腳跟沒站穩，走錯了路。

由於她的耳提面命，我考進政大教育系，開始狼吞虎嚥的苦讀。想起往日為了生活奔波，沒有讀什麼書，肚子空空沒墨水。現在有了求學機會，當然夜以繼日的閱讀。我讀出興趣來，除了向圖書館借閱之外，自己也買了許多書。後來我申請到圖書館工讀，更有機會在書庫裡瀏覽。我在學術上的眼界打開了，我希望自己當個學者。大學四年級開學不久，母親和我閒聊，笑著問我：

「你以後準備做什麼？」

「我想當一位學者，在大學教書作研究。所以我接下去想考研究所，朝學術研究方向走，你放心，念研究所有公費（當時政府為鼓勵學生念研究所而給予公費）。此外，我還會繼續幫爸爸忙，好維持家計。」

「那很好！有目標就會振作、有希望。」

她很高興的說道。接著，她遲疑了一下又說：「如果研究所畢業，當不了學者，你有什麼備胎？也就是說，除了當學者之外，還有什麼出路？」

「我心中盤算的有兩條。其一是應徵到中學去當老師，其二是考上高考去當公務員。這些都得在我主修的課程中下功夫，看起來是三條路，準備起來卻是一體的。」

我深知母親的關心。她生活在鄉下，對社會現實所知不多。所以對她的垂詢，很是詳加解釋。她知道我很有打算，所以心中很安定，懷抱著希望和喜悅。我總覺得母親有著很好的系統思考習慣，對事情的抉擇和執行力都不錯。跟她閒聊，不但不會意見對立，而且得到許多啟發和整理，並受到殊多鼓勵。她的鼓勵是無形的，在與她交談之後就會受到鼓勵，腦子裡浮現著明顯的目標，從而令我振作。

相對於母親，父親就不一樣，他也教我要有目標，但他關心的是早日完成學業，好工作賺錢養家。他聽到上述我的生涯規劃時，表現與母親迥然不同。他驚訝地說：「還要讀兩年研究所，真是還有得撐噢！念研究所有什麼好處？」我機智的回道：「將來出來工作時待遇比較好。」

「那就努力以赴吧！」

父親和母親的思考模式，彼此差異很大。雖然他們都重視生涯目標，但父親偏向功利的價值觀，母親偏向理想的價值觀。所以和父親交談，是要有點技巧才進行得順利。

大學一畢業，我考上了研究所，母親很歡喜地祝福我能步上喜歡的學術生涯。父親則淡定地說「還要再苦兩年」。接著，高考放榜我又考上了。母親歡欣鼓舞，覺得我多了一個工作選項。父親則有些意外地問我：「這次考上又要念幾年才會畢業呀？」我說：「高考是國家高等文官考試，這是取得當公務員的資格，以後一定有工作可做，前途也會很好。」

父親這時才綻露出開心的笑容，他肯定我努力得有目標、有價值。市場裡做批發生意的朋友，對父親恭喜說：「兒子爭氣，老子最得意。現在你該請客了。」父親真的請客，我也在場作陪。席間，他笑著說：「我想盡辦法留兒子一起做生意，甚至也利誘他。但是兒子意志堅定，朝著自己的目標發展。」父親的友人說：「懷抱著自己的目標，才幹得起勁，承受得了苦，才會有成就。我今天完全了解這個道理。」

我一直懷抱著理想和目標生活。在工作上更是如此，依照實際情境作調適，做有用有價值的事，從而有著豐收的喜悅。這些基本的態度，是從母親那裡學來的。雖然她是一個不識字的鄉下女性，但她的眼光看得遠，想法正向，很善於把握現實，看出可行的目標和方向。她替父親分憂，鼓勵父親戒賭戒酒，發展養豬副業，到山上墾植，合力還債等等，把家庭撐了起來。

回憶母親的教導，真像是一片溫馨的春暉，照得我一生溫暖。她不是用言教指導我的生涯智慧，而是在日常生活中，示範了生活的智慧，讓我能負起責任，懷抱著希望和目標，走出有意義的生涯路。

二十九、勇於圓夢

「好命的前提，是先付出必要的努力。」

「及時做該做的事，上蒼就會賜予好運道。」

人能懷抱著有意義的目標，孜孜不倦的朝著它努力，會使生活變得充實。一點一滴累積資糧，逐漸靠近目標，會帶來歡喜和希望。勇於圓夢的人，性格正向，思考樂觀，身心都顯得健康。母親就是這樣的人。

當我還是青少年時，有一次我們一起到山上打柴。鄉下人柴米油鹽樣樣都得親自張羅，雖是辛苦疲累，但在山林曠野的地方，歇息一會兒，親切的談心，卻有著自在和溫馨。母親和我坐在山崗上，既可以望遠，又可以明志。她衷心地告訴我：「孩子！我們住在鄉下，生活窮苦而見識少，知識經驗不足而受困在窮鄉僻壤。我很希望有一天，能帶你們到都市裡求發展。如果你能當火車頭，一起努力，有一天我們會實現這個想法。」

我肯定她的想法說：「城市工作機會多，就是在市場旁邊賣個早餐，也比我們每天只能往山上作苦力好。」母親站在山頭上往太平洋的方向看，似乎有著很大的決心：「要讀書求知，要努力半工半讀，要往城裡去求發展。你是我們家六個孩子的火車頭！」

我默然接受母親的託付和期許，從這天開始更有了責任感和擔當。希望能帶領家人，尋找美好的未來。我的自動自發和鍥而不捨的態度，似乎在這一天種下新的毅力。

研究所畢業之後，該有的資格考試具備，幾個求職面談也順利過關。我選擇了台北市政府教育局，一方面可以實現教育工作的抱負和興趣，另一方面是工作穩定，可以維持家庭的經濟生活。就業和租屋處落腳安排妥當，很快就回家把好消息稟報母親。她很欣慰地肯定了我的努力，在慶祝聲中她笑著對我說：「你記得我們一直想著去台北發展的夢想嗎？」我點

點頭：「記得！」

「我還是想著把孩子們一起帶到台北去發展。你父親說，在市場旁邊正好有一棟木造房子要出售，價格約新台幣十餘萬元，你去看看是否適當。這些日子，我們一起勤儉努力，省吃儉用，我存了十餘萬元。或許我們可以圓夢了，到台北去發展。」

我很高興去實地了解，知道父親想購買的房子，產權有問題，又是坐落在學校預定地上，而且地緣複雜不適合居住。母親一向信任我做事情踏實慎重，否定了父親原先的提議。但她還是堅定告訴我，要我進行遷居台北的計畫。

在台北市區房子太貴，根本買不起。最後我看中了考試院附近的一批新蓋公寓，在第一次石油危機前，及時買下。母親把所有家當拿出來，也只夠付一半。為了滿母親的願，其餘由我分期付款，母親為此高興得合不攏嘴。村子裡的鄉親，更是稱羨母親命好。但母親卻提醒我們：「好命的前提，是先付出必要的努力。」

民國六十三年，全家遷居台北，那時正值石油危機的高峰期，房價物價翻漲，裝潢及家俱費用，增加了不少負擔。不過我還是很慶幸及時購屋，如果行動慢一點，媽媽想遷居台北的美夢就會粉碎。我跟母親說明這是多麼幸運的事。她卻告訴我：「及時做該做的事，上蒼就會賜予好運道。」

遷居台北市木柵，母親很開心地安頓自己的身心。她還是六個子女的軸心，要承擔家務，關照讀書上學，籌措日用和學費。自從遷徙來台北，父親的工作比以前順利，收入還算穩定，加上我的薪水，家計沒有問題。所以父母親比起在鄉下時，有更多笑容和生活風趣，弟妹們念書的念書，工作的工作，家裡有了全新的氣象。

母親來台北後，很注重子女的教育，鼓勵他們努力，學習一技之長，期許都能走出自己的人生路。她自己則有較多心情，在信仰上做修持。她常到真修寺拜佛和參加法會，甚至參加佛七。她對佛教的信仰，開始有了深度的體驗和領會。她告訴我，她一心一意要回皈西方淨土，將來百歲年老，要往生阿彌陀佛的世界。她念佛修行的習慣，就在這時候養成的。她堅定

的說，念佛功德，功不唐捐，屆時一定會圓這個信仰的夢。

母親要圓的夢還真多，她希望早日有兒媳婦，有孫子可以抱。她說只要有孫子就好，男生女生都好。她的希望，一一在遷居木柵的第三年實現。她喜孜孜的告訴我：「三年有成，努力的人有福報。」

母親一一叮嚀弟妹們拿我當榜樣，都能各自圓夢，也都實現了。九十歲時我問她，妳還有什麼夢要圓呢？她說：「人生如夢，夢醒就回阿彌陀佛的老家。」

三十、負責與寬大

「責任如果不保持一點空間，不心存寬大，
就會產生摩擦，帶來困擾和疏離。
如果過度寬容自己，則又造成懈怠放縱。」

從童年開始，母親總是帶著我一起做事，所以一般的家事和農事都駕輕就熟。她肯定做得好的工作，讚美主動完成的事。我也養成了肯做和負責的習慣，她會篤定的讚美我說：「肯工作的人吃穿就不愁，生活就自在。你已經具備這個條件了。」

我很高興得到她的稱讚，也覺得母親正在祝福和勉勵我。於是，我會用她以前說過的話，以同理心回覆她說：「上蒼疼打拚的人，所以一定會賜給他們豐收啊！」然後，我會很篤定地更認真工作。或許我們沒有就這個話題再說什麼，但在腦海裡卻留下美好的印象，發展成負責努力的好習慣。

不過，母親不是要我成為工作狂，更不希望我做「負責」的奴隸。她會在工作現場以歌謠般的語言提醒說：「穩穩的做，慢慢的來，沒人會偷做你的事；今天做不完，明天持續做。」她的口頭禪是：「工作持續就做得好，讀書持續就學得牢。」

她用行動做給我看，用輕鬆的語言當旁白。她所教的不是什麼經典智慧，卻是生活中不可或缺的好習慣。特別是不當「負責」的奴隸，不被負責完全綁架。她會留出時間休息，安排做點有趣的休閒。所以在忙碌中有說笑，在趕工中有輕鬆。休息時的閒話家常，對我的待人接物，啟發殊多；尤其對生活的內容，增添不少風趣。例如一有餘暇我們會去尋找野菜野果，欣賞大自然多樣的景色。這些讓生活變得生動活潑。我們在鄉下沒有現代化的運動娛樂設施，但只要人們願意，眼前的自然景物，都是快樂的題材。

輕鬆過後，她會要我收心讀書或工作。她說：「不負起責任做事、讀書和學習新知，沒辦法應付生活的現實，那會像失去自由一樣，被困難綁住。」她自己身體力行，做好榜樣給孩子看，她學會刺繡縫紉、醃製各類醬菜、做相當水準的台菜等等。

舉家遷居台北之後，她很快就適應新的環境，負起家務責任，與左鄰右舍結交新朋友、每天參與健身操、定時一起禮佛等等。適應新環境是一種學習，她能適應得又快又好，表示她確能為自己負責。於是，我原先對她適應新居的顧慮一掃而空。尤其是我結婚之後，一個大家庭，擁擠地住在三十幾坪大的公寓裡，因為有她的巧妙安排，彼此很快學會調適新環境。進而互相支持禮讓，兢兢業業的努力向學或工作。每天其樂融融，有朝氣有活力的邁向前程。這都是因為母親的帶領。她負責地把每個孩子帶起來，在台北成家立業。

母親既負責又寬大，她怎麼做我們就怎麼學。秀真和我結婚的第一年，她在新竹地院上班，當時交通不便，審判的工作很吃重。週末回來，秀真當然會自動分擔家務，包括洗衣服、買菜、打掃等等。有一天，她洗完澡舒舒服服往床上躺一下，醒來時已經十二點了。她想到衣服還沒有洗，即刻過去處理，沒想到母親已經洗好晾好。次日她跟母親道歉，母親卻安慰她說：「妳一個人在外地，工作又忙又累，能有睡意睡個好覺，我又高興又安慰，千萬別為這種小事掛心。」秀真感動的說不出話來。

後來她回憶說：「媽媽真是寬大的人，她不計較不挑剔。她真心的體諒我、了解我、愛護我。尤其是幫我坐月子和帶小孩，我真是感動又敬愛她。」秀真接著說：「母親的學習力和責任感真好，你記得嗎？我們剛養孩子，醫師叮嚀要每天煮奶瓶，以避免發酵導致嬰兒吃壞肚子，母親一開始半信半疑地說，我們在鄉下哪有這種閒功夫，但她卻比誰都嚴格執行煮奶瓶。我想起她的責任感、學習正確照顧孩子的新知以及對孩子的關愛，就讓我感動。我們都該學習她的責任感和寬大的襟懷。」

母親八十五歲的某一假日，我們夫妻跟她閒聊。談起她的責任感和待人的寬大，表示對她的感恩和敬佩。她笑著說：

「大部分的人都有很好的責任感，尤其對家人更是如此。但是責任如果不保持一點空間，不心存寬大，就會產生摩擦，帶來困擾和疏離。相對的，對自己應該負的責任，如果過度寬容自己，則又造成懈怠放縱。」她接著說：「你們當了阿公阿嬤了，要適當負起責任，但要保持寬大，這樣家庭才會和樂成長。不過，做子女的人也要像你們一樣，負起家庭的責任，對父母的嘮叨關心，有著包容和寬大。」

母親有這樣的智慧和生活行持，實在令人敬佩。我幾次問她，是怎麼學會這些智慧的，她總是笑著說：「做人本來就該負責任，就該寬大，自己想想就會的。」

三十一、慈悲的影響力

母親的愛不是溺愛，不是一味照顧拉拔的愛，而是一種有能力的慈悲。我從她的身教中，學到自立自強的生活態度。

經營一個家庭並不容易，得付出許多辛勞、愛心和智慧才能創造出幸福。但是有許多人以為家庭幸福是天經地義的，是父母應該給予的，所以，只是接受幸福、要求幸福，甚至批評父母沒有給予幸福的生活。如此將使人變成被動的享福者，從而失去主動負責、創造成家立業的幸福。

母親對這件事情看得很清楚，她在我年輕時，常常提醒我：「對家裡要有責任，千萬不要把家裡的美味財寶偷出去，又從外頭帶進惡臭的習氣到家裡來。」母親的愛不是溺愛，不是一味照顧拉拔的愛，而是一種有能力的慈悲。我從她的身教中，學到自立自強的生活態度。

母親的慈悲深具影響力，她不只對子女的教育發揮功效，對父親的影響尤其大。父親年輕時行為放蕩的愛吃喝玩樂、好賭成習，但母親卻能「睜一隻眼閉一隻眼」的善待他，不跟他正面衝突，又能引導父親不沉迷其中而賺錢養家。母親的耐心令我敬佩，她的愛心深具影響力。

我們遷居台北之後，父親還是偶爾會賭、喝得爛醉，母親總是好言相勸，無怨無悔地照顧著他。有一次，在父親喝得大醉失態後的次日上午，母親很婉轉地說：「你年歲漸增，身體不比從前，該是注意健康的時候，請你務必節制喝酒，傷了身體是你自己受苦。」他低著頭聆聽母親的勸告。母親見他有悔意，接著說：「你要做個好父親的典範給子女看，如果你能戒掉這些壞習氣，子女還來得及學習正向的榜樣。」

父親在母親溫婉的勸說下，終於答應不賭不醉。這時，他深深地吸了一口菸，好像下了很大的決心改變自己的生活習慣。當時的氣氛很好，我覺得機不可失，所以也補上一句禮貌的建議。我說：「爸爸，秀真正在懷第一胎，醫生叮嚀孕婦最好不要吸到二手菸，以免影響胎兒正常的發育。你可否到走廊去抽菸，避免家裡煙霧瀰漫。」母親說：「媳婦肚子裡的孩子，是做祖父的人最關心的事，這應該辦得到的。」

父親就在這個時候，把手上的菸熄滅。接著把身上的半包香菸揉了揉，丟進了垃圾桶。他說：「為了孫子好，我決心戒菸。」他拿著桌上的菸灰缸，走到廚房把它洗乾淨，擦拭好了，擱置到抽屜裡。他以前曾戒過幾次煙，都半途而廢，但這次戒菸，卻完全的戒除。後來賭博和醉酒也漸漸戒除了。

母親的慈悲，有很大的影響力。她感動每個孩子努力上進，做一個正正當當的人。尤其是她的虔誠佛教信仰，影響家裡的每個人尤深，唯獨父親對信仰沒有興趣。我們勸說信仰的好處，對人生終究歸依處有個著落等等，父親始終無動於衷。有回他說：

「你們好好的信佛念佛，順便幫我念一些，分一點功德給我不就好了

嗎？」

「學佛是個人修個人得的事，你沒有佛的庇佑，將來在陰界裡當遊民可不是好玩的。想清楚點！將來百歲年老，你是要去西方極樂世界，抑或在陰界裡流浪。我們來人生走這一趟，有機會受佛的法化，就得把握機會，你的年齡已近六十，要好好慎思一生的大事。」

父親聽了母親的勸告，他開始慎重其事地和我討論佛法。對生命的終究歸依處有了新的興趣，對念佛行善的事開始關心。有一天，他終於允諾當一位正信的佛弟子，在佛光山皈依。

父親信佛之後，常陪母親一起到真修寺拜佛聽經。每天清晨四時半跟母親一起禮佛念佛。有一天，他拿著手上的念珠示意說：「我的手又粗又大，這串念珠的珠子小了些，撥起來不方便又缺乏實在感。你能

為我請一條珠子大些的念珠嗎？」母親在一旁微笑著說：「你父親撥著大一點的念珠念佛，一定覺得很實在，覺得每一聲佛號都完全的與阿彌陀佛相應。你要快點幫他找到大的念珠。」

我很快從佛光山台北道場，為他請到一串金剛菩提子念珠，每顆珠子都很壯實，都沒有車磨過。他開心得每天念佛，連出國旅遊，也帶著它。直到他七十三歲，在睡夢中往生，沒有病痛地離開人世。那串原先粗糙不平的金剛菩提子，已變得光滑圓潤，用功之深可知。

母親是我們家裡的大菩薩，帶領我們成長，教導我們做人做事，更重要的是她帶領我們皈依正信的佛教，她的慈悲所產生的影響力，讓我們全家人讚嘆和學習。

三十二、福不可受盡

有一次，我用高價把一位長輩的貨源都奪了過來。母親知道之後，鄭重地告訴我：
「請記得！福不可以受盡，你要留一點機會給別人！」

生活的藝術之一就是分享，也就是佛法所說「福不可以受盡」。懂得彼此分享，會帶來更多喜樂和創意；留些機會給別人，則能創造圓滿祥和。母親是一位佛弟子，她常提醒我在生活上要記得福不可以受盡。特別是治家方面，她主張不要自己把福報享用光了，要留一點給家裡當福田。

一九八二年我從美國進修回來，念茲在茲，很想再去進修，完成博士學位。這件事情秀真也很支持，於是我努力準備再赴美國深造。母親知道我的計畫，特地找個時間和我閒聊，把話題帶到我出國讀書的事。她說：

「我沒有理由阻止你再去深造，這是好事情。不過，我要提醒你時機和生活現實已經不同。你已是兩個孩子的爸爸，他們才五、六歲的稚齡，最需要你的陪伴和撫愛。如果你去了美國，孩子就少了父親的愛。孩子的愛，要給得及時，時間一過，即使你想給他雙倍的愛，他們也未必接受。所以我要提醒你，『福不可以受盡』，不要自己把書都讀光了，要留一點給孩子讀。」

我聽了她的話，一時辭窮，不知如何回答，因為她說的是真實話、真心話。她接著說：「這段時間孩子最需要你的愛和照顧，你給多少他們就茁壯多少。得到愛和教養的孩子，就會健康快樂；缺乏父母陪伴撫愛的孩子，容易鬧彆扭、鋌而走險。這些你都比我清楚，我的觀念也是從你那兒聽來的。」說完話，她笑一笑說，僅供參考。

聽過母親的建言，我作了審慎的思考。越想越覺得母親說得有道理，更了解福不可以受盡的真諦。甚至有著慚愧之感：我自己是學教育的，對孩子心智成長，向來了解得很多，怎可為了滿足自己的願望，而疏忽孩子的成長呢？於是，我很快回覆母親：「妳說的對！感謝妳的提醒，我不再赴美國讀書，我會好好的工作和自修，並且會把孩子帶好。」她笑容可掬地感到安心說：「做得對！上蒼一定會賜福給你們。」

母親一向重視「福不可以受盡」。我童年的時候，家裡一旦有好吃的糕餅糖果，便拿出來大家享用，並提醒我們：「要留一點給還沒有回家的人，要送些過去給祖父祖母分享。要記得！只顧自己吃，只有一個人嘴甜口香；分享給家人，大家都甜滋滋香噴噴，滿室香甜的滋味最好！」為了達到滿室香甜，她主張有好吃的東西，要大家回來時才一起享用。

母親很懂得與左鄰右舍分享食物。父親常出外做生意，有時會從城裡帶著大包小包的零食回來。母親總是拿出一部分，送給叔伯們分享。她說：「有來有去就有感情，分享小點心，見面時最歡欣。」

鄰居親人之間有交流有感情，不但能帶來溫馨，更能回流成為心靈生活的自在。記得我國小六年級時，父親從外地回來，帶著兩布袋的桂圓（龍眼乾），面色凝重的回到家，和母親談起投資買賣桂圓虧本。但又揶揄自己說：「就是虧本，一無所得，才扛這兩包桂圓乾回來給家人，吃個甜甜香香，否則就虧得更大了。」母親把袋子打開，捧出淡咖啡色的桂圓乾，分享給我們孩子。孩子們用口咬、用手剝，嘰嘰喳喳有說有笑，不一會兒就滿室香甜，也轉移了父親的情緒，開始說起產地風光和有趣的事。

這時母親要孩子們把桂圓乾拿去分享左右鄰居和親人。他們接到偌多的桂圓乾，都過來道謝，加入我們啃桂圓乾的歡喜和逗笑。家裡很快就充滿正向的氣氛，父母親也高興得眉開眼笑。鄰居問起父親是否賺錢，父親卻開朗的答道：「做生意不是賺就是賠，雖然稍有虧損，但我相信牛走失了，就得去牛群中找回來。」大家都為父親祝福，下一次會馬到成功，賺多一點錢回來。於是，家裡充滿了溫馨和歡笑。

我念高二的時候，開始做起大批發的水果買賣。母親知道我年輕氣盛，有時為了搶佔貨源，而競爭劇烈。有一次，我用高價把一位長輩的貨源都奪了過來。母親知道之後，鄭重地告訴我：「請記得！福不可以受盡，你

要留一點機會給別人！」我默默地聽她解釋，心裡也想著，商場上的競爭是無法避免的。於是，我陷在沉思中的腦力激盪。然後我說：「妳放心，以後我會有一點分際，大家不踩線就是了。」我就是從那一天開始，作了新的嘗試：增加收購零星農戶的水果，積少成多，重新分裝運送至台北販售，這又讓我有了新的創意。

福不可以受盡是人生的真理。在法演四誡中說，「福不可以受盡，受盡則緣必孤。」把福享盡了，生機創造之緣也就枯竭了。母親聽得懂佛法，又能指導我活用它，真是感恩之至。

三十三、盡孝要及時

「父母怎麼做，孩子都在看、都在學。我們家裡的每個人，都會傳承這個持家精神。」

每個人的心裡深處，都與父母有著親密的連結，父母是己身所從出，是保護自己安全和溫愛的原鄉。因此，親子關係和諧與否，會影響個人人格的發展。相對的，子女對父母是否盡孝，也影響他的心理健康和老年期的生活品質。這是我在心理諮商研究中所發現的現象。

母親了解這個道理。在我十歲左右，祖父中風病倒了，要照顧病重老人家的起居飲食，可不是輕鬆的事。大人一大早就外出工作，家務和照顧的責任，全落在母親和祖母的肩膀上。當時，堂哥和我便是最好的助手。我們一起學會了照顧祖父，舉凡清洗、把尿、服侍湯藥等等，都能助一臂之力。

童年的我，有時也會因為想玩耍而疏忽母親或祖母交待的事，或者嘟著嘴表示不情願。母親會等我靜下來後溫和地告訴我：「孩子！阿公生病，行動不方便很痛苦，所以需要我們照顧，有時候你為別的事忙，但照顧阿公的事要列第一優先。這是晚輩服侍長輩的時候，盡孝一定要及時。現在不做，以後你想做都來不及哪。」

母親親自奉養了祖父祖母，我們當孫子的也都在一起幫忙。母親要操持的家務多，要照顧老人的細瑣事務更不可枚舉。她要面對的不只是全家的三餐，更要面對服侍湯藥、盥洗和安慰老人。她笑著告訴我說：「孩子！老病就是這麼無助，所以我們要多體恤老病的長者。有一天我和爸爸也會老病，你也要負起這個責任。」話題觸及自己父母的往生，顯得有些不自在。不過，我還是覺得母親所說的話是對的，所以我很肯定的回道：「我一定會孝順你們，負起責任來。會像妳一樣及時盡孝，隨時保持著孝心。」

母親聽到我的堅定答覆，很是高興。

大約在我上高中不久，有一天和母親一起在山上工作，短短的休息時間裡，我們閒聊了起來。她告訴我，最近村子裡的一位長輩過世，需要人手幫忙料理喪事，她看到喪家的長子，哭得非常悲慟，含淚對親人說：「我沒有及時盡孝，跑到外地闖盪，一年難得回來幾次，子欲養而親不待，真是懊悔不已。」

「他在外地工作，賺錢都沒有拿回來嗎？」

「聽說他是在外頭遊蕩，根本沒有正當工作，所以很少拿錢回來奉養父母。」

「他一定有雙重自責，一則因為沒有孝養父母內疚，二則愧對父母的期許。所以，孝順不是只有聽話，更須振作努力發展前途，讓父母親生活有保障。」

「你有這樣的想法，真令我開心。我知道你是個有孝心的年輕人。」

我向母親點頭，默然接受她的誇獎。其實，我早在童年時期，已經知道對父母盡孝是天職，我的振作和努力精神，來自母親教導我盡孝要及時的觀念。

當我完成了研究所學業後，就協助母親舉家遷到台北來。接著就是籌劃我的婚事。當時，秀真和我已經交往多年了。她對我的家境非常了解，也對於我孝順父母的觀念極為認同。她認為對父母盡孝是一個人的本份，一定會成全合力完成我的心願。於是我們結婚，共同撐起一個大家庭的擔子，也把家庭的氣氛帶得和氣、活潑和快樂。

父母親對於孝敬他們的媳婦，覺得非常滿意。這些日子，我們還是以母親為重心，每個月提撥生活費用，加上父親工作的收入，家境變得小康，家庭充滿父義母慈兄友弟恭子孝的喜樂。我們每逢假日，就會一起爬山、郊遊，父母充分享有幸福之樂。

令父母親更高興的是，我結婚後一年餘，便接連在三年內生下了兩個小孩。這更令他們高興的忘懷，他們抱著孫子，很自豪的告訴親朋鄰居：「我們已經升格當祖父母了！」他們合力幫忙照顧嬰兒，因為秀真還在新竹上班。但是他們苦中作樂，每天逗著兩個孫子開心，加上弟妹們下課回來，逗著兩個姪子玩，更是全家樂融融。

母親告訴我們說：「現在我完全了解家庭和樂的幸福了。這是你們努力的結果，是你們懂得及時盡孝的奇蹟，也是全家努力的結果。」秀真很誠摯地回覆：「媽媽！我們是受到妳精神的感召。妳對家人的愛令人感動，妳對我的支持更功不可沒，我很了解愛子女要及時，孝順父母要及時的家風要傳遞下去。」媽媽說：「父母怎麼做，孩子都在看、都在學。我相信你們一定會帶出好的下一代。我們家裡的每個人，都會傳承這個持家精神。」

孝行是人類心靈生活的骨幹。它是家庭功能的基石，更是承上啟下的精神律則。得之者昌，用之者幸福。盡孝一定要及時，它不只是回饋而已，而是孕育精神生活的根源。

三十四、看得開才好

「只要振作起來做該做的事，自然就會看開。如果光坐在那兒，讓自己的心神往煩惱裡頭鑽，那就困在裡頭走不出來。」

人要學會看得開，才不會鑽牛角尖；視野要大一點，才不會被眼前的一點不如意給困住。人生不如意的事十有八九，看不開它，就會被它綁架，坐困愁城。母親是一位達觀的人，碰到不如意事，諸如父親的好賭、酒醉鬧事等等，她會嚴肅地指正，但很快就看得開。恢復她的開朗，去面對現實生活和工作。她常提醒我：「做事要認真打拚，對人要慈悲，對自己要看得開。看不開的人會含悲終日，有時還會抱恨終身。」

青少年時期的我，心境上多愁善感，面對現實生活一籌莫展，所以我很容易坐困愁城。我的憂愁，大都來自家庭的紛擾和窮困；我的不安，來自三餐不繼的威脅；我的困擾，是擔心母親會被父親氣壞。而這些事情，我卻全然的無助；想改變它，卻一點也使不上力。母親看到我陷入苦惱，便安慰我說：

「孩子，我都能看得開，你也應該能看得開。不要坐在那兒發呆和煩惱，而是去找正經事來做，讀書也好，做家事也好，把憂愁放在一邊，這就叫看開。只要你去行動，振作起來做該做的事，自然就會看開。如果你坐在那兒，讓自己的心神往煩惱裡頭鑽，那就困在裡頭走不出來。你看，媽媽不就是這樣看開它！每天兢兢業業的工作生活！」

我照著母親的辦法做，有時坐下來發奮讀書做功課，有時幫母親一起做家事或農事，果然很容易擺脫煩惱，讓自己重新振作，神清氣爽。母親教我看得開的技巧，對我的人生，帶來很大的助益，無論是我年輕半工半讀的艱困，做生意時市場競爭的紛擾，或者學成後從事教育和行政工作的困難，乃至助人的奉獻等等，都因為看得開，而有好的心力去做好每一件事。

我曾經用心理學的眼光，來看母親所謂看得開的技巧。發現母親是一位懂得心情急轉彎的人，她不會讓自己陷入困擾的鬱抑之中。其次，她懂得把心力集中於手邊的工作，要自己做一些有意義、有價值的事，產生新的成就感，從而得到歡喜的心情。其三，她慣於從光明面著眼，相信努力就會有成果。我驚訝她的正向生活態度是從哪裡來的。

母親在八十多歲時，我有一次和她閒聊，回憶往事歷歷的情景。我問道：

「媽媽！妳一直教我們凡事要看得開，這種看得開的生活智慧，是誰教給妳的？是妳自己體驗出來得嗎？」

「那是我父母親教給我的。他們做事認真，你外公是一位有名的泥水匠。他造的房子和屋頂，最堅固耐用。他的心情總是那麼開心，遇有不如意的事，很快就看開它。他說，只要你從不同的角度去看，你會發現事情並沒有那麼壞。甚至可以看出新的希望，看出包容它的理由。你的外公和外婆都很達觀，給家裡帶來許多歡喜氣氛。他們兩老常提醒子女，要努力又要能看得開。」

母親說得興致來了。接著又說：「你舅舅也是從外公外婆那裡學到這個生活智慧。他是築港的工程專家，為我們國家築了許多海港。他常說大海的變化無可捉摸，人算不如天算，雖然準備充分，但還是要冒險犯難。那時還是要看得開，用積極的心智去把工作完成。」我聽得入神，她說話的興致接著而來：「你舅舅和我同時受到老人家的薰陶，都懂得看得開的技巧，所以我們的心情比較樂觀，能夠鍥而不捨地完成該做的事，而不會被消極沮喪的心境打敗。我們兩個人也都比較健康長壽。由此可知：對事要用心努力，對自己要能看得開，是美好的生活態度。你也要傳授給你的子孫，也要分享給別人。」

她意猶未盡地又說：「現在我年近九十，深知看得開的好處，而體會到『日日是好日，夜夜是春宵』，這句話是你教我的。現在，我拿它來勉勵你，日子要過得歡喜，就是要看得開。」

母親到了九十一歲時，因為骨質疏鬆，行動不便，接著心智也開始老化。她的生活完全需要家人和外傭的協助。起先，她有些不習慣，因為她從沒有被服侍過。不久，她看開了，生活也適應過來了，她又恢復了開朗的笑聲，她的笑容像是三月的春暉。

我有空就與她閒聊，說起往事，就會令她意興再起。有時她還會叮嚀我：「你也會老喔！老了更要看得開，才會有歡喜。」我也會祝福她：「像妳這樣看得開、有歡喜心的人，將來一定會到極樂淨土的世界。」她笑得自在，頷首表示肯定。

三十五、你也會年老

「年紀大了更要振作起來生活，否則就會衰老下去。要好好學習，知道如何正確過老年生活。」

一般人以為年老是自然法則，要學會逆來順受。這誠然不錯，但是每個人對年老的感覺、看法和觀念，都深深地影響老年的生活品質和健康。一般而言，沮喪會破壞免疫系統，溫馨可以使它恢復；失望和絕望會縮短壽命，快樂和滿足會使人長壽健康。

老人的老化程度因人而異，心理上保持正向思考的人，衰老的較慢。長期抱著負向悲觀的人，容易病魔纏身。生活正常保持運動的人，體能和健康狀況較佳。生活紛亂又不肯運動的人，容易衰弱退化。保持人際接觸，又能掌控生活者健朗，孤立沮喪又慵懶頹廢者衰弱早逝。

母親從進入老年期以後，就自動參加老人晨操和氣功等運動。她更有興致隨著社區的老人團體，到外縣市遊覽風光、禮拜佛寺。她也會和鄰居老太太們結伴作健康檢查，維護自己的健康。她甚至到八十五歲，還能自己坐公車去看醫生。更值得喝采的是，她能幫忙做一些家事，從而感受到自我價值。她的主動性和樂觀思考模式，為她帶來健康和快樂的生活品質。

我每次與她閒聊，就稱讚她給家裡帶來溫馨和快樂，羨慕她老當愈樂，她也毫不推辭地說，自己對老年的生活盡了照顧的責任。她說：「你也會老的，年紀大了更要振作起來生活，否則就會衰老下去。你到老的時候，可要注意向我學習。」我說：「我已經年近七十，也進入老年期了，妳對我有什麼忠告或教示嗎？妳能傳授一點祕方嗎？」她聽到我年近七十，很驚訝地看著我說：「你快七十了？怎麼會這麼快。難怪我們老人們在一起聊天時，總會提到過去的歲月，就好像昨天的事一樣。所以，你現在要好好學習，知道如何正確過老年生活。」

她一五一十地告訴我，她怎麼從老人團體中學會珍惜這段夕陽時光，怎麼注意飲食和運動，又如何保持心情的快樂和開朗……老年更要保持看得開等等。她停頓了一下，告訴我說：

「老人的生活，最需要經濟生活的保障。這些年來，你們為我建立了安全的養老保障，讓我樂活養老，我感到非常安慰，也感恩佛菩薩的護佑。我接觸到一些貧苦的老人，他們衣食得不到保障，老病得不到照顧，心情總是悽苦不安。我希望你們年老時，也要像我一樣得到保障。這些事情，你也要對孩子們交代清楚。讓他們一樣有打算，劍及履及的給自己的父母起碼的呵護。」

「我早已對孩子們說過，他們已著手我們養老的準備，我們不會吃苦的。又何況我們自己也有所準備，這一點請妳放心。」

母親寬心地眉開眼笑說：「能孝悌傳家，那就太好了。」接著，她沉默了下來，認真的想了想，說希望所有的孩子，都能得到最大的幸福。接著她好像挖空心思，要告訴我人生最重要的事。遲疑了一下，她又暢快地說：「你是家裡的長子，要繼往開來，要把鄭家祖先開蘭的事蹟，傳遞給家庭的成員，讓他們知道祖先的拓荒精神，以及篳路藍縷的實幹，乃至他們恢宏的志氣。這些美好的故事，要傳述給後代子孫，做為心靈傳承的法寶。告訴子女這些奮鬥的歷史等於給了他們成功人生的秘笈。」

我意想不到母親會在這次閒聊中，談到這麼嚴肅的話題，她情不自禁地說起鄭家族系歷史，談到開蘭時期從水路到宜蘭的經過，以及祖先的輝煌成就。她所知道遠比我父親多，也比我的親人多。我好奇地問她：「妳怎麼知道這麼多？」

「過去每逢長輩說起開蘭歷史，以及祖先的輝煌成就，就會注意聽個清楚，我知道家族的光榮歷史，對子孫有很好的啟發作用。所以，過去我也跟你們談過這段歷史，就是希望你們汲取先人的文化和精神力。我希望這些美好的家族故事，能傳承下去。」

我允諾了她的期許，她開心得臉上泛著光采。我看她精神奕奕，好像還有什麼事要說。於是，我又問道：「老年還有什麼重要的事該注意的？」

她說：「人生就像一趟旅行，年老了就是要回家，要記得回到極樂淨土的家，回到阿彌陀佛那裡，所以要專心念佛，不要在陰界裡走失。」我說：「這個我知道。」

「光是知道是不夠的，要真心念佛和修持。」

「我會的，妳放心。」

天下母親心，她到了九十歲還在關心子女，還要把怎麼適應老年生活的經驗傳承給我們。母愛永遠是生命的陽光。

後記

母親陳阿春今年（西元二〇一三年）已高齡九十二歲，一年前仍耳聰目明，能上街買菜，幫忙打理家務。九十一歲起因骨質疏鬆和老化，無法如常行動，必須靠輪椅代步。我們子孫們都很盡孝照顧，也為她請外傭照顧起居，雖然隨著老化嚴重，記憶也漸漸衰退，唯獨心境上一直保持愉悅開朗，喜和家人子孫逗趣玩笑。她真是歡喜菩薩的化身。

去年十一月她吩咐我們，想要回宜蘭老家看看，並要回娘家和舅舅（九十四歲）敘舊問好。於是，我們經過充分準備後，送她返鄉探親，我們這些晚輩們看到他們兄妹見面時的親熱之情，都非常動容。他們對坐交談，回憶往事，敘說思念，以及互相祝福，真是兄妹情深。

眼前一幕感人的兄妹敘舊，勾起了我對母親早年勤儉持家、相夫教子的種種記憶。於是，我用了兩個月，孜孜不倦地寫下《媽媽教我的事》這本書。這本書對我來說，是一個憶舊的心路歷程，但就教育的觀點看，卻有著歷久彌新的教育智慧。

我用這本書來表達對母親的感恩，並希望她能給現代人一些啟示：無論所處的環境如何，教導的愛和薪火，一定要傳承下去。

大眾心理館
鄭石岩作品集／親職與教育8

媽媽教我的事
愛，生活與學習的35個故事

作　者——鄭石岩
內頁繪圖——黃崑謀
副總編輯——林淑慎
執行主編——曾慧雪
美術設計——丘銳致

發行人——王榮文
出版發行——遠流出版事業股份有限公司
100臺北市南昌路二段八十一號六樓
郵撥／0189456-1
電話／(02)2392-6899　傳真／(02)2392-6658
著作權顧問——蕭雄淋律師
二〇一三年四月一日　初版一刷
二〇一六年十月十六日　初版七刷
售價新台幣二四〇元（缺頁或破損的書，請寄回更換）

ISBN 978-957-32-7157-4

國家圖書館出版品預行編目（CIP）資料

媽媽教我的事／鄭石岩著. -- 初版. -- 臺北市：遠流, 2013.04
面；　公分. --（鄭石岩作品集. 親職與教育；8）
ISBN 978-957-32-7157-4（平裝）

1. 親職教育 2. 子女教育

528.2　　102003611

YLib 遠流博識網 http://www.ylib.com E-mail: ylib@ylib.com